中国旅游人才供给与需求研究报告（2021）

ZHONGGUO LÜYOU RENCAI GONGJI YU XUQIU YANJIU BAOGAO (2021)

韩玉灵　操　阳◎主编

北京·旅游教育出版社

图书在版编目（CIP）数据

中国旅游人才供给与需求研究报告. 2021 / 韩玉灵，操阳主编. -- 北京 : 旅游教育出版社，2023.10
 ISBN 978-7-5637-4609-5

Ⅰ. ①中… Ⅱ. ①韩… ②操… Ⅲ. ①旅游教育—人才需求—研究报告—中国—2021 Ⅳ. ①F592

中国国家版本馆CIP数据核字(2023)第221471号

中国旅游人才供给与需求研究报告（2021）
韩玉灵　操阳　主编

责任编辑	郭珍宏
出版单位	旅游教育出版社
地　　址	北京市朝阳区定福庄南里1号
邮　　编	100024
发行电话	（010）65778403　65728372　65767462（传真）
本社网址	www.tepcb.com
E－mail	tepfx@163.com
排版单位	北京旅教文化传播有限公司
印刷单位	唐山玺诚印务有限公司
经销单位	新华书店
开　　本	787毫米×1092毫米　1/16
印　　张	9.375
字　　数	130千字
版　　次	2023年10月第1版
印　　次	2023年10月第1次印刷
定　　价	68.00元

（图书如有装订差错请与发行部联系）

本书受到北京第二外国语学院中国旅游人才发展研究院和南京旅游职业学院新时代应用型旅游人才研究中心（江苏高校哲学社会科学重点研究基地）、江苏旅游文化研究院（江苏高校哲学社会科学建设研究基地）、江苏省新型重点高端智库"紫金文创研究院"的项目资助，由课题组成员韩玉灵、操阳、苏炜、王新宇、张晓玲、张骏、马卫、崔英方、许超友共同完成。

前　言

2021年是"十四五"开局之年，也是新冠疫情暴发的第二年。受新冠疫情的影响，旅游业遭遇了前所未有的冲击和挑战。世界旅游城市联合会（WTCF）与中国社会科学院旅游研究中心在线发布的《世界旅游经济趋势报告（2022）》显示，2021年全球旅游总人次达到66.0亿人次，全球旅游总收入达到3.3万亿美元，分别恢复至2019年的53.7%和55.9%，恢复至疫情前的不足60%；乐观情况下，预计2022年全球旅游恢复至疫情前的七成左右。[①]国内旅游复苏情况好于国际旅游。我国旅游业在政府积极救助和企业自救下，呈现出积极向好的态势。文化和旅游部财务司发布的《2021年度国内旅游数据情况》显示，2021年，国内旅游总人次32.46亿，比2020年同期增加3.67亿，增长12.8%，恢复到2019年的54.0%；国内旅游收入（旅游总消费）2.92万亿元，比2020年同期增加0.69万亿元，增长31.0%，恢复到2019年的51.0%；人均每次旅游消费899.28元，比2020年同期增加125.14元，增长16.2%。[②]可以看出，在疫情防控常态化背景下，我国旅游业尤其是国内旅游板块正平稳恢复。根据"十四五"旅游业发展的新目标、新任务和新使命，我国亟须加大旅游业领军人才、急需紧缺人才和新技术、新业态人才的培养力度，打造一支与旅游业发展相适应的高素质人才队伍[③]。

本课题组自2016年起，一直致力于职业教育旅游人才供给与需求研究，目前已经通过旅游教育出版社出版了2018年度、2019年度、2020年度的项目研究报告。2021年课题组扩大了研究的范围，联合北京第二外国语学院中国旅游人才发展研究院，将本科旅游人才培养和需求纳入研究范畴，致力于更加全面地展示旅游人才供给与需求的全貌。

本报告在北京第二外国语学院中国旅游人才发展研究院和南京旅游职业学院新时代应用型旅游人才研究中心（江苏高校哲学社会科学重点研究基地）的大力支持下，

---

① 中国社会科学院旅游研究中心.世界旅游经济趋势报告（2022）［EB/OL］.［2022-03-02］.https://www.1905.com/news/20220313/1567860.shtml.
② 中华人民共和国文化和旅游部.2021年度国内旅游数据情况［R］.北京：文化和旅游部，2022.
③ 国务院.《"十四五"旅游业发展规划》（国发〔2021〕32号），2021年12月.

立足于2021年旅游企业发展实际和本、专科院校旅游人才培养的实际，与南京奥派信息技术有限公司合作，利用爬虫技术对51job、智联招聘、58同城、最佳东方等主流招聘平台，抓取了2021年旅游企业全年员工招聘信息；同时通过问卷调研、网络查询、个别访谈等方式，开展本、专科院校旅游人才培养和旅游企业人力资源的调研工作，力求从需求侧和供给侧两个角度科学分析旅游企业人力资源现状和院校旅游类人才培养的现状。课题组在原有利用灰色GM（1，1）模型、Elman神经网络模型、文本挖掘技术、鱼骨分析法的基础上，于2021年新增了ARMA模型和Delphi法，旨在运用多种预测和分析方法，更加科学地论证和预测旅游产业发展对旅游人才需求的规模和人才规格质量的要求，并在此基础上提出相应的对策和建议。

本报告由北京第二外国语学院中国旅游人才发展研究院执行院长韩玉灵教授和南京旅游职业学院院长、江苏旅游文化研究院院长操阳教授进行总体设计、修改、统稿和审定工作。报告共分六章，具体分工如下：第一章中国旅游业发展概况（张骏）；第二章需求侧调研：中国旅游企业人力资源状况调查（苏炜）；第三章供给侧调研：中国院校旅游类专业人才培养状况（马卫）；第四章旅游人才需求规模预测与分析（王新宇）；第五章旅游类人才岗位需求预测与质量要求分析（张晓玲）；第六章对策及建议（操阳、崔英方）；旅游企业招聘大数据采集（许超友）。

本报告在完成过程中受到学界、业界专家及学者的大力支持和指导，同时利用了不少相关的网络资源、院校及企业资料，引用了一些学者的研究成果，在此深表谢意！

由于受调研样本数量的局限和部分统计数据不全的影响，以及研究人员的能力和水平的不足，报告中不当之处在所难免，恳请批评指正！课题组今后将加大研究的广度和深度，用更加全面、真实的数据绘制旅游人才需求与供给的画像，为我国旅游业发展和院校教育教学改革创新贡献智力！

操 阳

2022年8月于南京

目 录

第一章 中国旅游业发展概况 ·· 1
 一、中国旅游业发展现状 ·· 1
 二、中国旅游业新使命、新任务、新要求 ······························ 4
 三、中国旅游业发展趋势 ·· 5

第二章 需求侧调研：中国旅游企业人力资源状况 ······················ 8
 一、中国旅游企业发展概况 ··· 8
 二、调研方案设计与说明 ·· 10
 三、被调查企业基本情况 ·· 11
 四、旅游企业人力资源基本情况 ····································· 14
 五、调研结论 ·· 27

第三章 供给侧调研：中国院校旅游类专业人才培养状况 ············ 29
 一、中国旅游教育发展概况 ··· 29
 二、调研方案的设计与说明 ··· 36
 三、被调查学校基本情况 ·· 37
 四、被调查学校人才培养的基本情况 ······························· 38
 五、调研结论 ·· 44

第四章 旅游人才需求规模预测与分析 ·································· 46
 一、人才需求规模现状分析 ··· 46

二、需求规模预测理论模型的选择、计算工具及数据来源·················47
　　三、需求规模预测与分析···53
　　四、小结···68

第五章　旅游类人才岗位需求预测与质量要求分析·····························70
　　一、旅游类人才岗位需求的质量分析框架·······························70
　　二、旅游人才质量词典指标体系的构建·································71
　　三、旅游企业岗位需求预测与人才质量要求分析·························81
　　四、小结···93

第六章　对策及建议···95
　　一、存在的主要问题···95
　　二、对策与建议··96

附录1　2021年旅游人才需求预测调研问卷（企业版）··························110
附录2　2020年旅游人才需求预测调研问卷（院校版）··························116
附录3　被调研院校名单···123
附录4　被调研企业名单···127
附录5　旅游企业人力资源负责人访谈提纲及访谈企业名单·····················133
附录6　应用Matlab实现GM（1，1）模型预测·································135
附录7　应用Matlab实现Elman神经网络模型训练与预测························137
附录8　应用Matlab实现ARMA模型预测·······································140

第一章　中国旅游业发展概况

2021年是"十四五"开局之年。我国旅游业坚持以习近平新时代中国特色社会主义思想为指导，深入贯彻党的十九大和十九届历次全会精神，积极把握机遇，迎接挑战，呈现出新特点、新趋势，也对旅游职业教育人才提出了新要求。

一、中国旅游业发展现状

（一）防疫常态化背景下旅游市场逐步恢复

2021年新冠疫情仍然在全球肆虐，给旅游行业带来诸多不确定因素。我国旅游业发展过程中服从疫情防控工作大局，严格落实常态化疫情防控要求，各地根据疫情防控需要动态调整旅游场所开放政策，更新疫情防控指南，推动"限量、预约、错峰"常态化，建立健全跨省旅游"熔断"机制，启动旅游热点防疫预报机制，经受住了疫情常态化防控下的压力考验。各地在党和政府的正确领导下，扎实做好"六稳"工作，全面落实"六保"任务，帮助旅游业市场主体用好用足普惠性扶持政策，出台针对旅行社等旅游市场主体的一揽子纾困助企政策，启动了旅游服务质量保证金改革试点，开展中小旅游企业服务月活动等[①]，帮助旅游企业走出疫情所导致的经营困境。

通过一系列有效的措施，国内旅游市场2021年度恢复明显。2022年1月24日，文化和旅游部财务司发布了《2021年度国内旅游数据情况》，数据显示：根据国内旅游抽样调查统计结果，2021年，国内旅游总人次32.46亿，比2020年同期增加3.67亿，增长12.8%（恢复到2019年的54.0%）。其中，城镇居民23.42亿人次，增长13.4%；农村居民9.04亿人次，增长11.1%。国内旅游收入（旅游总消费）2.92万亿元，比2020年同期增加0.69万亿元，增长31.0%（恢复到2019年的51.0%）。其中，城镇居民旅游消费2.36万亿元，增长31.6%；农村居民旅游消费0.55万亿元，增长28.4%。

---

① 中华人民共和国文化和旅游部.2022年全国文化和旅游厅局长会议工作报告［R］.文化和旅游部，2022.

人均每次旅游消费899.28元，比2020年同期增加125.14元，增长16.2%。其中，城镇居民人均每次旅游消费1009.57元，增长16.0%；农村居民人均每次旅游消费613.56元，增长15.7%[①]。可以看出，2021年，无论是消费人次，还是消费额等都比2020年有较明显的增长。疫情防控常态化背景下，我国旅游业尤其是国内旅游板块正平稳恢复。

（二）通过重点任务服务党和国家中心工作

2021年是建党100周年，在全国深入开展党史学习教育、学习习近平总书记"七一"重要讲话精神的背景下，我国旅游业聚焦重点任务，服务党和国家中心工作，取得了一系列显著的成绩。2021年红色旅游掀起新热潮，进入高质量发展新阶段，红色旅游在核心内涵、市场结构、游客行为、产品创新、目的地发展、融合方式、科技赋能等方面呈现新特征、新趋势。调查显示，2021年经典红色景区热度同比增长89%，中共一大会址热度涨幅为243%，井冈山风景名胜区涨幅为140%，游客对红色旅游目的地红色文化氛围满意等级以上的比例为94.5%，其中，非常满意和较满意的比例达到79.1%[②]，红色文化旅游已经成为旅游业的重要组成部分，也为讲好党史故事做出了新贡献。

在"乡村振兴战略"实施背景下，乡村旅游业发展如火如荼。据不完全统计，各地文化和旅游部门组织编制了2000多个乡村旅游规划[③]，指导乡村地区科学推进旅游资源开发和项目建设，全国乡村旅游重点村镇名录建设工作继续开展，打造了一批优质乡村旅游品牌，不断推进了乡村旅游高质量发展。尤其是在疫情防控常态化期间，乡村旅游作为生态、休闲的近郊旅游产品受到越来越多的旅游者青睐。据全国乡村旅游监测中心测算，2021年第1季度，全国乡村旅游接待总人次为9.84亿，比2019年同期增长5.2%；全国乡村旅游总收入3898亿元，比2019年同期增长2.1%。[④]

此外，2021年中老（挝）友好年、中希（腊）文化和旅游年、丝绸之路国际旅游节等活动成功举办。浙江余村、安徽西递村入选首批联合国世界旅游组织"最佳旅游乡村"。"欢乐春节""美丽中国""东亚文化之都"等品牌活动影响力不断扩大，"一带一路"旅游合作、亚洲旅游促进计划等向纵深发展，旅游业成为加强对外交流合作和提升国家文化软实力的重要渠道。

---

① 中华人民共和国文化和旅游部.2021年度国内旅游数据情况［R］.文化和旅游部，2022.
② 中国旅游研究院.中国红色旅游消费大数据报告（2021）［R］.北京：中国旅游研究院，2021.
③ 中华人民共和国文化和旅游部.文化和旅游部对十三届全国人大四次会议第3638号建议的答复［R］.北京：文化和旅游部，2021.
④ 田冬.2021年中国休闲度假产业发展趋势报告：乡村度假率先恢复［EB/OL］.证券日报，2021-05-27. https://baijiahao.baidu.com/s?id=1700919568452375827&wfr=spider&for=pc.

(三) 文旅融合新业态、新产品蓬勃发展

近年来，文旅深度融合发展成为我国旅游业发展的重要特征。2021年文旅融合发展持续深入，在长城、大运河、长征、黄河国家文化公园的建设和黄河文化旅游带的打造过程中，发挥了更加突出的作用。同时，通过文旅融合，还促进了目的地旅游开发，成为进一步支援新疆、西藏等西部地区，巩固脱贫攻坚成果，推动西部发展和乡村振兴的助力器。

2021年，我国文旅融合发展主要呈现两大显著特点。其一，夜间文旅集聚区发展迅速。2021年11月文旅部公布了第一批国家级夜间文化和旅游消费集聚区名单，120个项目入选，各集聚区承载的特色体验与业态满足了人们对夜间经济的多维向往。比如，首批入选的南京长江路全长约1800米，集萃古都金陵千余年历史，集聚文旅商资源载体30余处，年客流量近2000万人次，长江路通过实施"八个夜文旅"计划，打造"色香味"俱佳的文旅"夜宴"，成为夜间文旅集聚区的典范。其二，文旅融合新产品不断涌现。在文旅融合的过程中，以博物馆、美术馆、艺术馆、书店等为代表的文化场所因各自的资源属性发挥着越来越重要的作用；以剧本杀、沉浸式演艺、汉服体验等一系列文旅融合的体验性"新玩法"越来越受到追捧；以沉浸式购物中心、亲子文旅体验馆、文旅不夜城等项目为代表的文旅新地标越来越具有吸引力。比如，大唐不夜城街区项目就是其中的代表，该项目位于西安曲江新区西部，南北长2100米，东西宽500米，贯穿6个仿唐街区和西安音乐厅、陕西大剧院、西安美术馆、曲江电影城4大文化建筑，已经成为一条现代化的"盛唐天街"，西安旅游必打卡的文旅融合新地标。

(四) 科技助力旅游行业持续转型升级

新一轮科技革命推动了我国旅游行业持续转型升级，一系列新设备、新工艺、新技术、新业态、新产品改变了旅游业的运营管理模式，也提升了旅游者的感知和体验。尤其是在疫情防控常态化的背景下，以旅游预约平台建设，分时段预约游览、流量监测监控、科学引导分流等为代表的智慧化旅游管理；以无接触预订、虚拟展示、智慧导览等为代表的科技化旅游服务在2021年度全面普及，已经成为旅游行业的常态。

为深入发展"大众旅游、智慧旅游，创新旅游产品体系，改善旅游消费体验"，加快推进以数字化、网络化、智能化为特征的智慧旅游发展，文化和旅游部资源开发司确定了2021年全国27个智慧旅游典型案例，分为"智慧旅游景区、度假区、乡村建

设运营典型案例"和"智慧旅游公共服务平台建设运营典型案例"两种类型[①]。其中,"智慧旅游景区、度假区、乡村建设运营典型案例"包括故宫博物院"智慧开放"项目、唐山市南湖·开滦旅游景区智慧旅游探索、大连市发现王国"智慧潮玩"新模式等15个案例;"智慧旅游公共服务平台建设运营典型案例"包括北京市延庆区打造"长城内外"全域旅游数字化生活新服务平台、黑龙江省黑河市智慧旅游服务平台一站式无障碍服务、"君到苏州"文化旅游总入口平台提升文旅综合服务效能等12个案例。这27个案例涉及城市级全域旅游目的地、旅游小镇、景区和度假区等不同地域范畴,博物馆、主题乐园、乡村旅游点等不同旅游业态,体现了我国旅游业全面智慧化、科技化发展的新特点。

二、中国旅游业新使命、新任务、新要求

《"十四五"旅游业发展规划》明确提出:"到2025年,旅游业发展水平不断提升,现代旅游业体系更加健全,旅游有效供给、优质供给、弹性供给更为丰富,大众旅游消费需求得到更好满足"展望2035年,"旅游业综合功能全面发挥,整体实力和竞争力大幅提升,基本建成世界旅游强国,为建成文化强国贡献重要力量,为基本实现社会主义现代化作出积极贡献。"[②] 在这一目标的引领下,我国旅游业的发展将面临新的使命、任务和要求。

(一)高质量发展阶段的新使命

全面建成小康社会后,我国旅游行业发展也面临着充分发挥为民、富民、利民、乐民的积极作用,成为具有显著时代特征的幸福产业的新使命。目前,大众旅游出行和消费偏好发生了深刻变化,线上线下旅游产品和服务加速融合,人民群众旅游消费需求将从低层次向高品质和多样化转变,由注重观光向兼顾观光与休闲度假转变,对旅游行业的发展也提出了一系列新需求。尤其在百年变局与世纪疫情交织影响、国际局势中的不稳定不确定因素进一步增加的大背景下,我国面临的外部环境更趋复杂严峻,国内改革发展稳定任务艰巨繁重,要坚持稳中求进的工作总基调,推动旅游业发展行稳致远,统筹好发展和安全的要求,在守住疫情防控底线、安全生产底线、生态安全底线、意识形态安全底线的同时,满足人民群众日益增长的、多样化、普及化的旅游新需要,是我国旅游业发展面临的新使命。

---

① 中华人民共和国文化和旅游部资源开发司.关于发布2021年智慧旅游典型案例的通知[R].北京:文化和旅游部,2021.
② 国务院.《"十四五"旅游业发展规划》(国发〔2021〕32号),2021年12月.

（二）新发展格局背景下的新任务

目前，我国正在构建以国内大循环为主体、国内国际双循环相互促进的新发展格局。在这一背景下，对内，旅游业发展应当承担扩大内需的重要任务，成为加快释放内需潜力、形成强大国内市场、畅通国民经济循环，促进国民经济增长的重要引擎。这就需要我国旅游业进一步发挥涉及面广、带动力强、开放度高的优势，推动自驾游、冰雪旅游、红色旅游、乡村旅游、研学旅游、海洋旅游等业态创新内容、提质升级，加强全国乡村旅游重点村镇建设，推出更多定制化旅游产品、旅游线路，开发体验性强、互动性强的旅游项目，更好地满足大众旅游特色化、多层次需求。对外，我国旅游业要更好地通过"文旅融合发展"，发挥传播中国文化、展示现代化建设成就、推进文化强国建设的新任务，讲好中国故事，塑造中国形象。

（三）创新驱动发展战略下的新要求

新一轮科技革命和产业变革深入推进，对旅游业提出了创新发展的新要求。旅游业的创新需要充分运用数字化、网络化、智能化科技创新成果，升级传统旅游业态，改革旅游信息获取、供应商选择、消费场景营造、便利支付以及社交分享等旅游全链条，从而实现旅游管理和服务方式、旅游业态和旅游产品的全面升级。在具体的实施过程中，我国旅游业还面临着发展不平衡不充分，旅游业供给侧结构性改革任务重，创新动能尚显不足，治理能力、水平需进一步提升等诸多问题，尤其是如何推动旅游业从资源驱动向创新驱动转变，需要彻底改变粗放型的旅游开发、管理、运营模式和急功近利的发展观念，探索实现旅游业转型升级的新思路、新路径。

三、中国旅游业发展趋势

（一）科技引领，实现智慧旅游新进展

《"十四五"旅游业发展规划》中明确提出要以科技为引领，实现智慧旅游的新发展，从多个方面推进智慧旅游"上云用数赋智"，实现新一轮科技革命和产业变革在旅游业的落地见效。其一，我国旅游业将有效整合旅游、交通、气象、测绘等信息，综合应用第五代移动通信（5G）、大数据、云计算等技术，及时发布气象预警、道路通行、游客接待量等实时信息，加强旅游预约平台建设，建立大数据精准监管机制，实现旅游管理和监测预警的高效化、准确化。其二，将通过打造一批智慧旅游城市、旅游景区、度假区、旅游街区，促使一批数字化体验产品和沉浸式互动体验、虚拟展示、智慧导览等新型旅游业态的蓬勃发展，开发推进以"互联网+"为代表的旅游场景化建设，增强旅游产品的体验性和互动性，实现旅游服务的便利性和安全性，不断优化旅

游者的体验感,提高人民的幸福感、获得感和安全感。其三,将加快推动大数据、云计算、物联网、区块链及5G、北斗系统、虚拟现实、增强现实等新技术在旅游领域的应用普及,推进夜间旅游装备、旅居车及营地、可移动旅居设备、游乐游艺设施设备、冰雪装备、邮轮游艇、低空旅游装备、智能旅游装备、旅游景区客运索道等自主创新及高端制造,通过培育一批智慧旅游创新企业和重点项目,促进旅游市场主体的新发展。

(二)统筹协调,推进旅游业全面和均衡发展

面对旅游业发展不平衡、不充分的问题,旅游行业发展将构建旅游空间的新格局。一方面以长城、大运河、长征、黄河国家文化公园和丝绸之路旅游带、长江国际黄金旅游带、沿海黄金旅游带、京哈—京港澳高铁沿线、太行山—武陵山、万里茶道等为依托,布局"点状辐射、带状串联、网状协同"的全国旅游发展一盘棋。另一方面,建设一批旅游枢纽城市,分类建设一批特色旅游目的地,优化旅游城市和旅游目的地布局。此外,还将推动更多城市将旅游休闲作为城市基本功能,在城市群规划建设中,立足满足同城化、一体化旅游休闲消费需求,在城镇规划布局中,围绕推进以人为核心的新型城镇化和美丽乡村建设,合理规划建设特色旅游村镇,实现城乡旅游休闲空间的优化布局。在推进全国旅游业全面均衡发展的过程中,还将坚持文化引领、生态优先保护的原则,传承好人文资源,保护利用好自然资源,创新资源保护利用模式,处理好发展与保护的关系。

(三)提质增效,促进旅游产业供给侧结构性改革

在未来旅游业发展过程中,"提质增效"将成为主要趋势,从旅游产品角度而言,我国旅游业将把提供优质产品放在首要位置,建设一批富有文化底蕴的世界级旅游景区和度假区;打造一批文化特色鲜明的国家级旅游休闲城市和街区;同时大力发展高品质的红色旅游,突出爱国主义和革命传统教育,坚持培育和践行社会主义核心价值观;规范发展乡村旅游,助力乡村振兴战略的实施。此外,还将推进自驾车旅居车旅游、冰雪旅游、研学实践活动、海洋旅游、山地旅游、温泉旅游、避暑旅游、内河游轮旅游、低空旅游等业态产品的新发展。从市场主体的角度而言,通过做强做优做大骨干旅游企业,稳步推进战略性并购重组和规模化、品牌化、网络化经营,培育一批大型旅游集团和有国际影响力的旅游企业,并在疫情防控背景下,持续充分利用好各项扶持政策,为中小型旅游市场主体纾困解难,从而多维度增加我国旅游市场主体的活力和实力,为旅游供给侧结构性改革的推进奠定更加坚实的基础。从产业融合发展的角度而言,我国旅游业将进一步推进"旅游+"和"+旅游",促进文化和旅游的业

态融合、产品融合、市场融合、服务融合,以及旅游业与科技、教育、交通、体育、工业、农业、林草、卫生健康、中医药等领域的相加相融、协同发展,促进优势互补、形成发展合力,为供给侧结构性改革的推进提供新动力。

我国旅游业发展的现状,"十四五"期间的新使命、新任务、新要求和未来发展的趋势,对旅游职业教育人才的培养提出了新的需求。人才是旅游业发展的关键,《"十四五"旅游业发展规划》中指出要"促进旅游职业教育高质量发展""加大旅游业领军人才、急需紧缺人才和新技术、新业态人才培养力度,打造一支与旅游业发展相适应的高素质人才队伍"[①]。因此,如何培养契合旅游产业发展的新时代旅游人才成为旅游教育的重中之重。

---

① 国务院.《"十四五"旅游业发展规划》(国发〔2021〕32号),2021年12月.

第二章　需求侧调研：中国旅游企业人力资源状况

一、中国旅游企业发展概况

2020年首年受突发疫情影响，除星级酒店数量减少，其他类型旅游企业数量都有不同程度增长（见表2-1），但旅游业整体业绩呈断崖式下降，特别是旅行社和酒店企业（见表2-2）。2021年是"十四五"开局之年，也是新冠疫情暴发的第二年。受新冠疫情的影响，旅游业整体业绩下降，伴随着疫苗普及，虽然存在局部地区疫情反弹压力，但国内疫情整体呈现有效控制状态，旅游市场逐步复苏，2021年我国旅游业综合贡献占GDP总量的比例达2.55%，较2020年增长0.36%，但仅恢复到2019年的38%[①]。

表2-1　2020年旅游企业数量及增长情况

单位：家

旅游企业类型	2020年	2019年	增长率
A级景区	13 332	12 402	7.5%
旅行社	40 682	38 943	4.5%
餐饮企业	32 901	29 918	9.97%
住宿业企业	25 281	23 793	6.25%
星级酒店	8423	10 130	−16.9%

资料来源：《中国统计年鉴》（2020，2021），《中华人民共和国文化和旅游部2020年文化和旅游发展统计公报》，《2021年第4季度全国旅行社统计调查报告》

---

① 中华人民共和国文化和旅游部.2021年度国内旅游数据情况［R］.文化和旅游部，2022. http://zwgk.mct.gov.cn/zfxxgkml/tjxx/202201/t20220124_930626.html.

表 2-2　2019—2020 年旅行社、星级酒店业绩情况

旅游企业	经营指标	2019 年	2020 年	增长率
旅行社	营业收入（亿元）	6621.76	2389.69	-63.91%
	营业利润（亿元）	30.06	-69.15	-330.04%
星级酒店	营业收入（亿元）	1907.77	1221.53	-35.97%
	平均出租率	56.70%	39.00%	-17.70%

资料来源：文化和旅游部发布的《中华人民共和国文化和旅游部 2019、2020 年文化和旅游发展统计公报》

从旅游业发展来看，一方面，疫情对旅游企业的冲击仍然存在。新旅界研究院发布的《2020—2021 年文旅上市公司业绩评价报告》显示，2021 年上半年，8 家上市旅行社净利润总额为 -4.51 亿元，15 家上市景区中 11 家公司净利润出现下滑；酒店企业业绩逐渐开始复苏，11 家上市公司收入为 225.48 亿元，同比增长 18.67%，净利润总额为 -20.30 亿元，同比增长 55.65%；而主题公园消费市场仍持续扩容，5 家上市主题公园总收入为 255.79 亿元，同比增长 42.26%；净利润总额为 24.56 亿元，同比增长 108.14%[1]。另一方面，在国内疫情常态化防控背景下，国内游、短途周边游成为消费者的热门选择。中国旅游研究院调查数据显示，2021 年选择文化休闲的城镇居民占比稳步上升，相较于 2019 年，城镇居民工作日、周末、节假日文化休闲占比增幅分别为 2.8%、2.37% 和 3.81%[2]。此外，2021 年借着冬奥会的东风，我国体育旅游得到了蓬勃发展。2021 年北京地区和张家口地区与体育相关的旅游内容分别同比增长 145%、600%[3]，文化和旅游部从 2021 年 11 月起先后发布了 47 家国家体育旅游示范基地、12 个国家级滑雪旅游度假地和 14 条"2022 年春节假期体育旅游精品线路"。

疫情给我国旅游业发展带来了深刻而持久的影响，同时也在倒逼旅游企业管理模式不断转型和服务方式持续创新。《"十四五"文化和旅游发展规划》《"十四五"文化和旅游科技创新规划》都提出要将科技创新贯穿文化和旅游发展全过程，开展旅游景区、度假区、休闲城市和街区、乡村旅游点智慧化服务技术研究，推动 5G、大数据、人工智能、物联网、区块链等新技术在各类文化和旅游消费场景的应用。很多旅游企业也在利用这一"窗口期"不断调整发展战略，引进新科技为消费结构转型升级以后

---

[1] 新旅界研究院.2020-2021 年文旅上市公司业绩评价报告［EB/OL］.［2021-10-08］.http://www.lvjie.com.cn/research/2021/1208/25103.html.
[2] 中国旅游研究院.中国旅游景区发展报告（2021）［EB/OL］.［2021-12-08］.https://caifuhao.eastmoney.com/news/202110081602448290022480.
[3] 马蜂窝.体育旅游主题报告——去运动，去旅行！［EB/OL］.［2022-04-05］.https://new.qq.com/omn/20220405/20220405A04MHH00.html.

的旅游市场做好准备。如赣州方特东方欲晓红色文化主题公园综合运用 AR、VR、全息投影、高清巨幕、球幕、旋转平台、动感轨道船等技术手段，开发打造系列沉浸式、强互动的红色主题项目和特色景观。

可见，新发展阶段，我国旅游需求和消费市场的新变化不仅对旅游企业转型发展提出挑战，也对我国旅游人才的数量和规格提出了新的要求。

二、调研方案设计与说明

（一）调研内容

本课题采用定量定性相结合的方法，围绕 2020—2021 年中国旅游企业人力资源的现状，以及对人才的需求情况展开调研。调研内容主要包括：

（1）旅游企业的基本情况，包括企业类型、规模、性质、分布、2020 年营业额等。

（2）企业 2021 年人力资源基本情况，包括企业员工的编制数、学历结构、员工流失率及其主要原因、企业招聘渠道、疫情后的招聘计划、企业招聘员工以及员工晋升时关注的职业素养、专业偏好等。

（3）2021 年旅游企业员工培训、考核和薪资情况，包括企业的人工成本，不同级别员工的平均月薪、员工的培训内容等。

（4）企业的校企合作情况，包括对校企合作的方式、合作院校的数量、订单班人才培养情况等。其中，重点掌握疫情后旅游企业招聘、培训、薪资以及对旅游类专业学生的素质需求变化等，以应对新时期旅游业发展变化，培养高素质旅游人才奠定基础。

（二）调研方法

1. 焦点小组访谈

邀请旅游人力资源负责人进行线上焦点小组访谈。围绕 2021 年度旅游企业的经营状况、招聘计划、对旅游类专业学生的用工需求变化、旅游企业中新技术和新工艺的应用，以及疫情对旅游企业用工需求的影响、旅游企业人力资源管理遇到的挑战等问题进行了调研，为调查问卷的优化、调研样本选择和调研开展奠定基础。

2. 问卷调研

本次调研通过邮件、问卷星向各类旅游企业人力资源负责人发放问卷，具体掌握 2021 年度国内旅游企业的人力资源需求、薪酬、培训以及疫情对其人力资源管理带来的挑战等数据。

3. 数据挖掘

使用爬虫技术对 51job、智联招聘、58 同城、最佳东方等四个主流招聘平台的员工招聘数据进行挖掘并进行文本分析,掌握旅游企业对旅游人才的需求规模和规格。

(三)调研样本

本次调研的样本共包括三个方面:

(1)企业焦点小组访谈:对17个旅游企业人力资源负责人进行焦点小组访谈,旅游企业涵盖景区、旅行社、酒店、会展公司、民宿等不同类型,覆盖东、中、西部地区。

(2)企业问卷调研:通过电子邮件以及问卷星平台共发放、线上采集问卷324份,其中有效问卷312份,有效问卷回收率达96.3%。

(3)主流招聘平台数据抓取:抓取"51job""智联招聘""58同城""最佳东方"等四个主流招聘平台共计4032家酒店、3281家景区、1781家旅行社、132家研学(教育科技)公司的招聘数据。

三、被调查企业基本情况

(一)旅游企业类型及分布

本次问卷调研主要覆盖酒店、景区、线上线下旅行社、会展公司、民宿等旅游企业(表2-3)。有效回收的312个旅游企业样本中,酒店企业占38.46%,线下、线上旅行社分别占10.58%、6.73%,景区占20.51%,会展公司占14.10%,研学公司占2.89%,民宿占1.92%,此外还有少量的主题公园、房车营地等旅游企业。按照旅游企业的级别划分,五星或5A级企业占48.08%,四星或4A级企业占17.31%,另有29.81%旅游企业没有参与评星,主要是会展公司和精品酒店。

表2-3 被调研企业基本情况

企业基本情况	分类	数量(家)	比例
企业类型	酒店	120	38.46%
	线下旅行社	33	10.58%
	线上旅行社	21	6.73%
	景区	64	20.51%
	会展公司	44	14.10%
	研学公司	9	2.89%
	民宿	6	1.92%
	其他	15	4.81%

续表

企业基本情况	分类	数量（家）	比例
企业等级	二星或2A以下	6	1.92%
	三星或3A	9	2.88%
	四星或4A	54	17.31%
	五星或5A	150	48.08%
	无等级	93	29.81%
企业注册资金	500万以下	42	13.46%
	500万~1000万	42	13.46%
	1000万~5000万	78	25%
	5000万以上	150	48.08%

从被调研企业地区分布来看，样本覆盖了全国华南、华北、华中、华东、西南、西北、东北等各个地区（图2-1），其中41.34%的企业位于华东区域，16.99%的企业位于华南地区，10.26%的企业位于西南地区，13.14%的企业位于华北地区，华中、西北和东北企业较少，分别占5.45%、5.45%和7.37%。

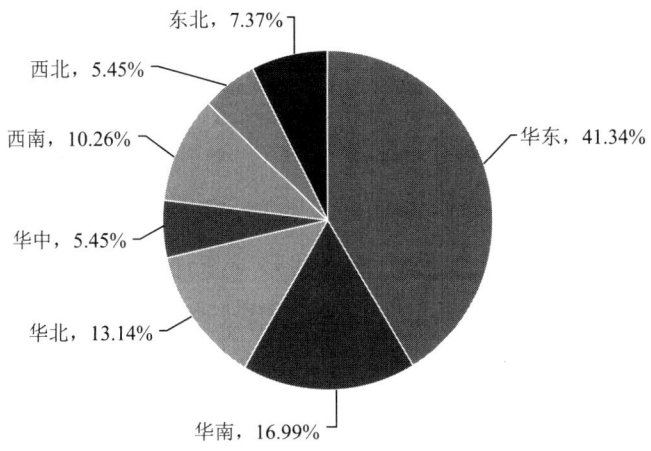

图2-1 被调研旅游企业地区分布

（二）旅游企业经营情况

从旅游企业经营情况看，被调研企业中，51.92%的企业开业时间超过了10年，只有12.50%企业开业时间低于3年，主要为一些民宿和研学公司（图2-2）。从企业性质来看，国有企业和民营企业占比分别为36.54%、29.81%，有25.96%的企业隶属于国际集团，主要为酒店企业和主题公园。就企业规模而言，48.08%的企业注册资金超过了5000万元，仅13.46%的旅游企业注册资金低于500万元。从2021年的经营情况来看，38.46%的旅游企业2021年度营业额超过了1亿元，主要为酒店企业和景区，21.15%企业的营业额低于1000万元，其中以会展公司、民宿和研学公司居多（图2-3）。

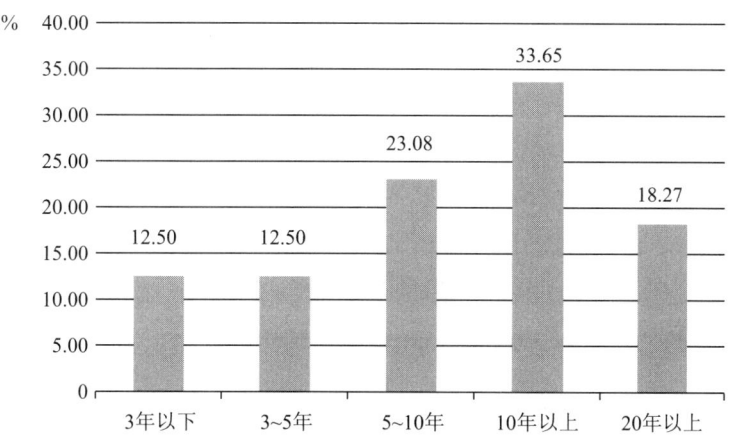

图2-2 被调研企业开业时长

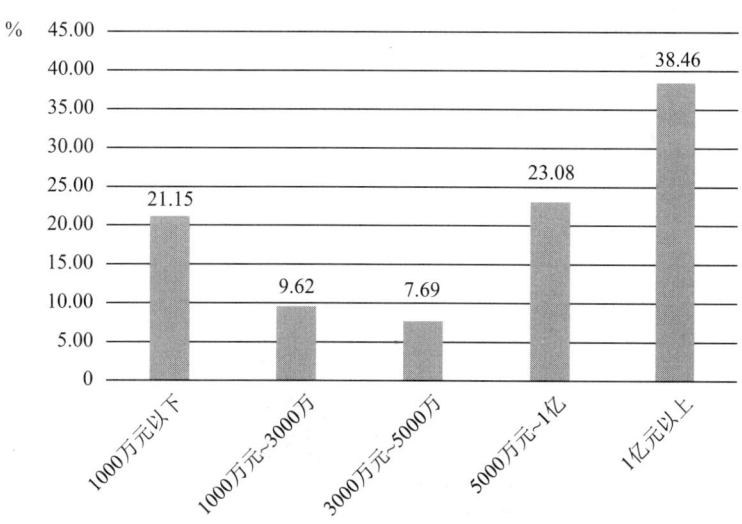

图2-3 被调研企业2021年营业收入

（三）旅游企业员工配置情况

在企业员工配置方面，49.04%的被调研企业员工配置在100~500人，有27.88%的被调研企业员工配置超过500人，主要为一些规模较大的酒店、旅游景区，10.58%的被调研企业员工配置低于30人，主要为一些小型的会展公司和民宿等。疫情给旅游企业人力资源招聘计划带来一定的影响，被调研企业中，仅 5.77% 的旅游企业表示有所增加，25.96% 的企业表示基本不变，而 68.27% 的旅游企业 2021 年受疫情影响招聘计划存在不同程度的减少。

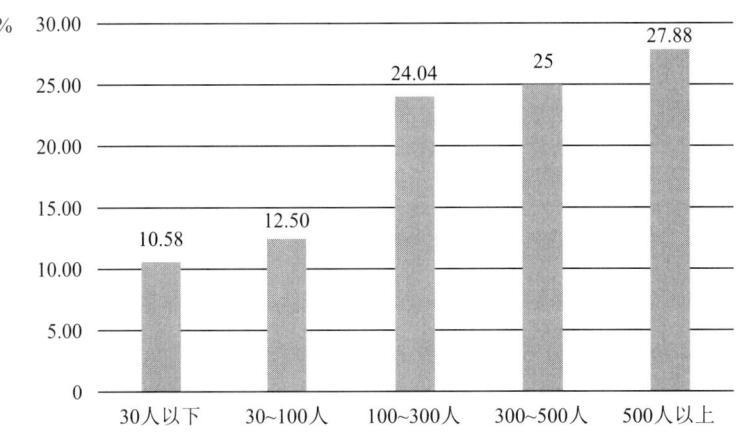

图 2-4　被调研旅游企业员工配置情况

四、旅游企业人力资源基本情况

（一）旅游企业员工学历结构

从旅游企业现有员工学历层次来看，高职高专学历员工仍是旅游企业的主力。在被调研旅游企业中，50% 的企业的高职高专学历员工占 40% 以上，只有 12.50% 的企业高职高专学历员工在 20% 以下。

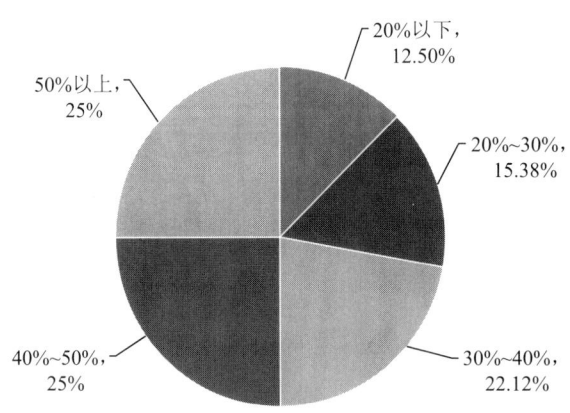

图 2-5　被调研旅游企业高职高专学历员工占比情况

本科学历员工在旅游企业的占比目前低于高职员工，被调研企业中，只有 12.50% 的企业的本科学历员工占比超过 50%，68.27% 企业的本科学历员工占比在 30% 以下。

进一步通过交叉分析可以看到，不同类型的旅游企业中，酒店、景区的本科生学历占比相对较低，79.36%的酒店企业的本科学历员工占比在30%以下，68.96%的景区的本科学历员工占比在30%以下，会展公司的本科学历员工占比相对较高，35.71%的会展企业的本科学历占比超过了50%（表2-4）。研究生学历员工在旅游企业占比较低。在被调研企业中，13.46%的企业没有研究生学历员工，81.73%的企业的研究生学历占比在20%以下。

表2-4　旅游企业类型与本科学历员工占比情况交叉分析

企业类型 \ 本科学历占比	20%以下	20%~30%	30%~40%	40%~50%	50%以上
酒店	44.44%	34.92%	4.76%	11.11%	4.76%
线下旅行社	23.08%	15.38%	15.38%	30.77%	15.38%
线上旅行社	42.86%	14.29%	0.00%	42.86%	0.00%
景区	31.03%	37.93%	13.79%	13.79%	3.45%
会展公司	25.00%	10.71%	17.86%	10.71%	35.71%
其他	16.67%	33.33%	16.67%	16.67%	16.67%

（二）旅游企业员工需求情况

1. 高职学历仍是旅游企业招聘的主流需求

根据课题组采用爬虫技术对51job、智联招聘、58同城、最佳东方等主流招聘平台2021年抓取的数据分析（图2-6），高职学历仍是各旅游企业招聘的主流需求，占所有招聘岗位的53.01%。只有10.89%的岗位要求本科，0.04%的岗位要求硕士。

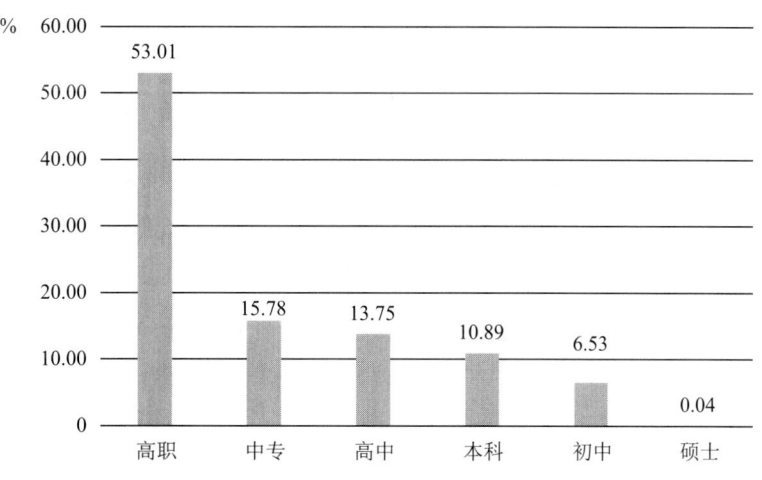

图2-6　旅游企业员工招聘学历需求

调研结果显示，从不同地区旅游企业对学历需求情况来看，旅游企业对高职学历需求最高，其中江苏省达到 65.34%，浙江省达到 62.40%。陕西省达 61.96%，超过了全国平均水平。在对本科学历员工的招聘需求中，北京市相对较高，33.79% 的旅游企业提出对本科学历员工的需求。只有北京等少数省市的旅游企业有硕士学位的员工需求。相对而言，河南省对初中学历的员工需求最高，有 27.01% 旅游企业有初中学历的员工需求，只有 2.55% 旅游企业有本科学历员工需求，在所有省份中相对较低。

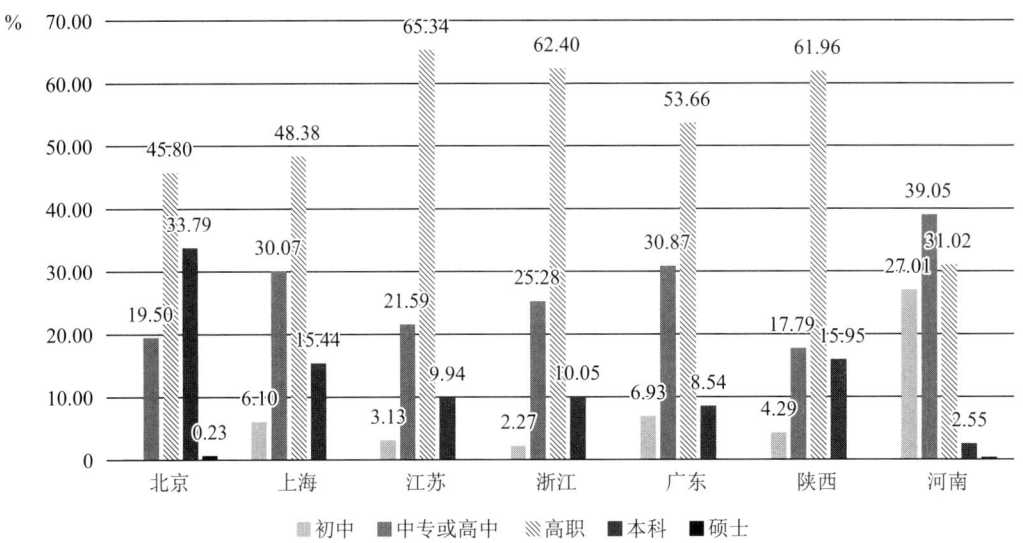

图 2-7 全国主要省市旅游企业员工招聘学历结构

2. 旅游企业对新设置的旅游类专业需求相对较低

在旅游企业对员工招聘的高职类专业需求的方面，旅游管理仍然是需求量最高的专业（图 2-8），达到被调研企业的 80.77%，超过了 2020 年 67.90% 的水平。高职酒店管理专业更名为"酒店管理与数字化运营"专业后，也受到旅游企业的欢迎，与 2020 年需求排名一致，位于第二位。会展策划与管理专业需求量增长较多，占被调研企业的 53.85%，远远超过 2020 年 13.79% 的比例。而旅游企业对近两年新增的旅游类专业需求相对较低，如"葡萄酒文化与营销""民宿管理与运营""定制旅行管理与服务""研学旅行管理与服务""智慧旅游技术应用"等 5 个专业的招聘需求企业分别仅占 17.31%、22.12%、23.08%、22.12% 和 19.23%。

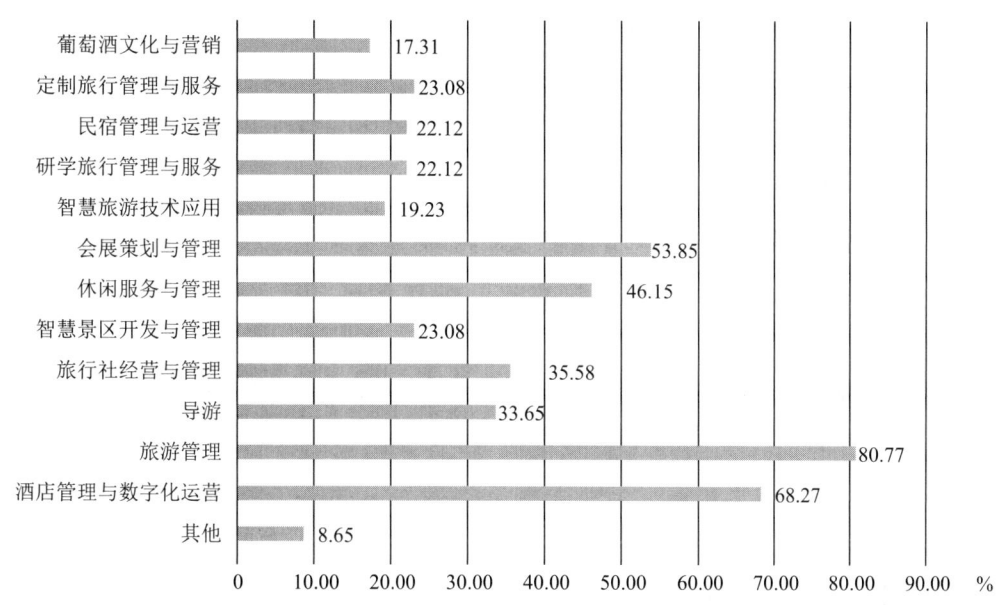

图 2-8　被调研旅游企业对高职类旅游专业的招聘需求情况

从被调研旅游企业对本科学历的员工需求来看，旅游管理和酒店管理是需求量最大的两个专业，分别达到 83.65% 和 74.04%（图 2-9），旅游规划与设计专业需求比例达 41.35%，另外有一些企业提出对会展、外语等方向的本科专业人才需求。

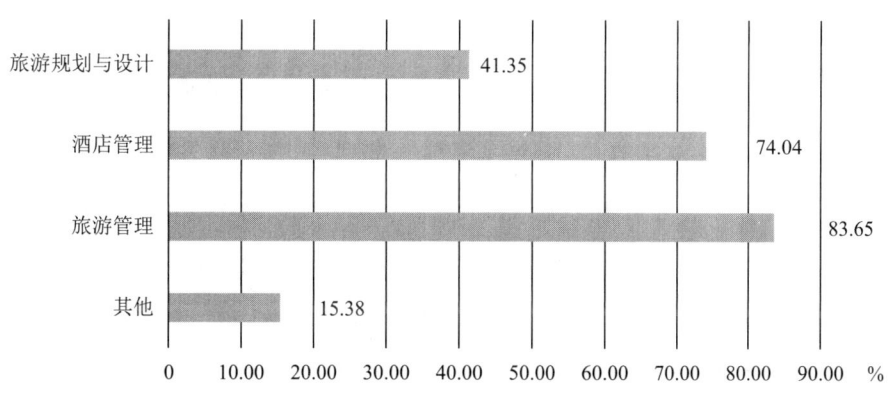

图 2-9　被调研旅游企业对高职类旅游专业的招聘需求情况

3. 疫情发生后旅游企业的人力资源招聘计划普遍下调

疫情对旅游企业的经营进而招聘需求产生较大影响，被调研旅游企业中，20.19%的企业表示 2021 年人力资源招聘计划大量减少，48.08% 的企业表示少量减少，25.96%的企业基本不变。只有 5.77% 的企业招聘计划有所增加，主要是少量会展公司和研学公司。

(三) 旅游企业员工流失情况

1. 旅游企业员工流失率有所提升

从旅游企业员工流失的情况来看，2021年旅游企业员工流失率比2020年相对较高。如图2-10，根据调研数据，员工流失率在10%以下的企业从34.96%下降到28.85%，员工流失率在21%~30%的企业比例从21.22%上升至29.81%，员工流失率在31%及以上的企业，从6.63%上升至15.38%，也就是说，2021年，有45.19%的被调研旅游企业员工流失率超过了20%。根据对企业人力资源负责人进行访谈的结果分析，由于疫情对旅游业的持续影响，很多旅游从业人员收入受到较大影响，对旅游业也持悲观预期，不少员工选择离开旅游行业。

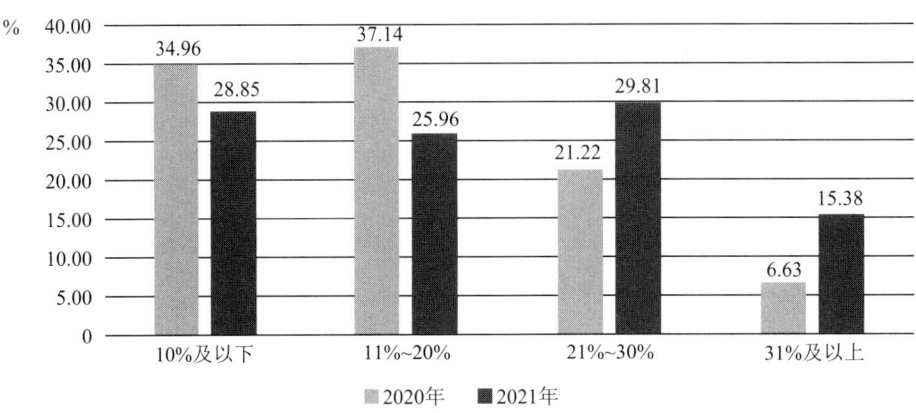

图2-10　2020年、2021年被调研旅游企业员工流失情况

2. 酒店和旅行社员工流失率相对较高

尽管2021年旅游企业员工流失率普遍较高，但不同旅游企业的员工流失情况有所不同。通过交叉分析可以看到（表2-5），60.32%的被调研酒店员工流失率在20%以上，线上、线下旅行社分别有28.57%和23.08%的企业员工流失率超过20%，这与旅游企业中酒店、旅行社受疫情影响较大直接相关。根据调研，2020年年底，全国旅行社直接从业人数比2019年底减少了9.3万人，2021年旅行社人员流失情况依然持续[1]。而各地酒店企业也因为疫情影响经营状况不容乐观，2021年仅北京1153家年主营业务收入200万元以上的酒店企业亏损达44.74亿元[2]，各家酒店纷纷通过提前休假、无薪休假等方式来降低人力资源成本，很多员工因收入水平降低而离开酒店行业。

---

[1] 宋雨秋. 主动求变　坚韧前行——2021年旅行社业年终盘点[N]. 中国旅游报, 2022-01-02.
[2] 赵焕焱. 2021年酒店业总结[EB/OL]. [2021-12-20]. https://weibo.com/ttarticle/p/show?id=2309404716400861380737#_loginLayer_1651226463772.

表 2-5 旅游企业类型与员工流失率交叉分析

企业类型 \ 员工流失率	10% 及以下	11%~20%	21%~30%	31% 及以上
酒店	17.46%	22.22%	38.10%	22.22%
线下旅行社	30.77%	46.15%	23.08%	0.00%
线上旅行社	28.57%	42.86%	28.57%	0.00%
景区	41.38%	41.38%	17.24%	0.00%
会展公司	46.43%	28.57%	17.86%	7.14%
其他	61.11%	22.22%	16.67%	0.00%

3. 工资待遇是企业员工流失的首要原因

在员工流失原因方面，工资待遇、职业压力和员工发展及培训是前三位因素（图 2-11）。其中，62.50% 的被调研企业认为工资待遇低是行业员工流失率高的直接诱因，这也与行业实际状况相符。根据智联招聘发布的《2021 年春季求职期行业平均薪酬排行榜》数据，在被调研的 51 个行业中，酒店/餐饮以 7251 元/月的薪酬水平位于排行榜最后一名，旅游企业以 7822 元/月的薪酬水平位于排行榜第 44 名[①]。调研数据显示，38.46% 的线下旅行社、42.8% 的会展公司都认为职业压力是导致员工流失的重要原因，34.92% 的酒店、32.14% 的会展公司认为员工培训不足会导致员工流失，42.86% 的线上旅行社和 34.4% 的景区认为工作环境不佳也导致了员工的离职。

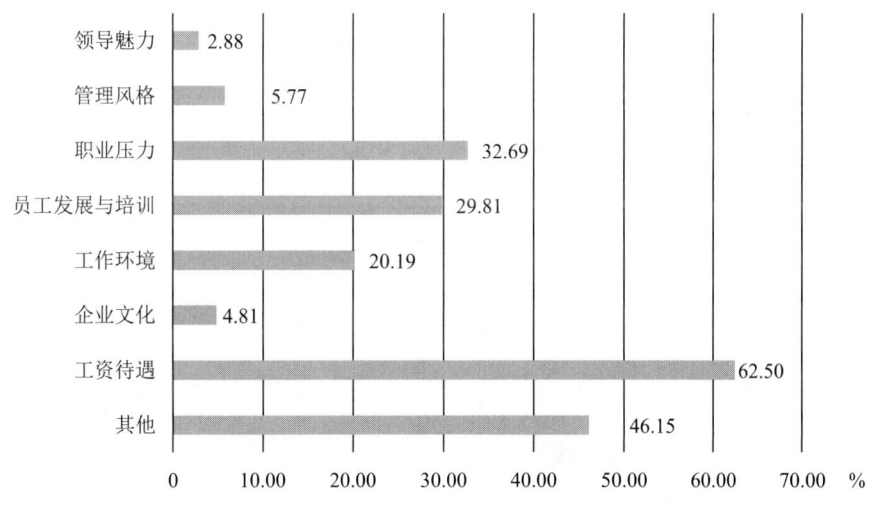

图 2-11 旅游企业员工流失的原因

---

① 资料来源:《2021 年春季求职期行业平均薪酬排行榜》，智联招聘，2021 年 6 月 15 日。

针对员工的流失，旅游企业也通过提高薪酬（78.85%）、提升职位（71.15%），增加培训（66.35%）等方式力求挽留员工，但也有10.85%的企业表示在疫情背景下，企业本身经营存在困难，无力挽留员工（图2-12）。

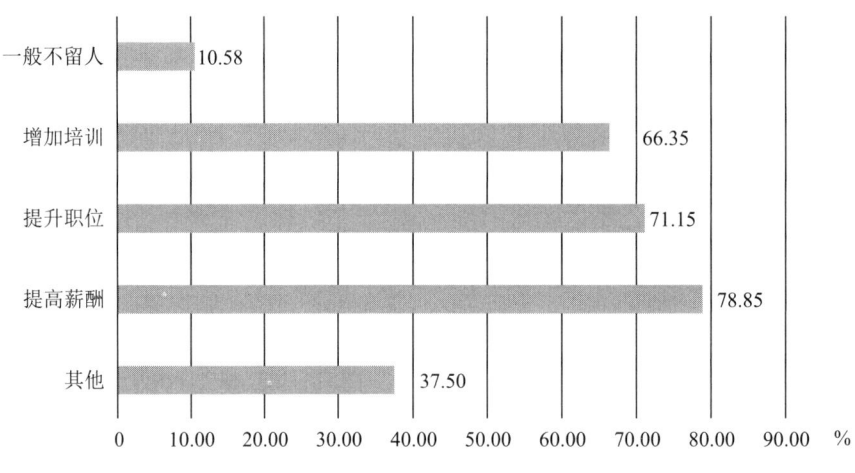

图2-12　旅游企业留人的方式

（四）旅游企业员工招聘与配置

1. 校园和网络是旅游企业招聘的主要渠道

自2020年疫情暴发以来，很多线下招聘会被取消，且各类线上招聘平台建设日益完善，旅游企业招聘也纷纷线上网络开展招聘工作。2021年，91.35%的被调研企业采用线上网络招聘（图2-13），同时，校园招聘也是广大旅游企业的普遍选择（92.31%）。在校园招聘过程中，49.04%的被调研企业2021年从院校招聘员工超过20人，主要为部分酒店和景区，只有14.42%的被调研企业2021年校园招聘人数在5人以下。

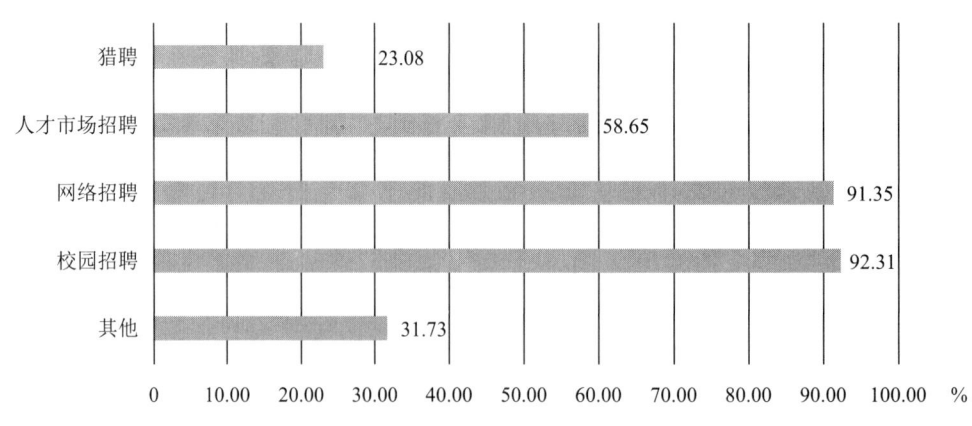

图2-13　被调研旅游企业招聘渠道

2. 旅游企业招聘出现新岗位需求

课题组通过对 51job、智联招聘、58 同城、最佳东方等四个主流招聘平台抓取的共计 9226 个旅游企业、8.465 万个岗位招聘数据进行分析发现（表 2-6），景区以及乐园的主要热门需求岗位包括旅游产品销售、讲解员、票务和游乐运营，旅行社的主要招聘岗位分布在导游、票务、计调。2021 年由于出境游几乎全部关闭，所以原来较为热门的"签证"岗位几乎没有需求，但是根据旅游消费者对个性化旅游产品的消费需求，新增了对旅游产品策划师岗位的招聘数据。在酒店，餐饮服务员仍然是热门需求岗位，2021 年四大招聘平台抓取的餐饮服务员招聘岗位达到了 30 207 个，同时，随着居民周边游、短途游的增加，民宿成为很多旅游消费者的选择，2021 年四大招聘平台有 258 条民宿管家的招聘数据。本次招聘平台数据还抓取了 132 个研学公司的招聘数据，这些公司主要对授课教师、研学产品销售等岗位提出了需求。

此外，在对旅游企业人力资源管理人员进行访谈时，他们提到，随着智慧旅游的不断发展，传统的旅游相关产业也将会围绕信息技术和旅游业的融合进行调整。具体表现在三个方面：第一，具有信息技术能力的岗位需求越来越多，如旅游大数据分析师，能够高效地分析消费者相关数据，有针对性地进行旅游产品营销和服务；第二，具有新媒体运营能力的岗位，如旅游电商专员、网络运维专员，负责线上页面设计与开发、音视频编辑等；第三，具有创新服务能力的岗位，如旅游顾问、旅游体验师、旅游定制师等。

表 2-6　大招聘平台抓取部分旅游企业岗位招聘数量

景区 / 乐园		旅行社		酒店 / 民宿	
岗位	需求数量（个）	岗位	需求数量（个）	岗位	需求数量（个）
旅游产品销售	2377	导游	1694	餐饮服务员	30 207
讲解员	599	票务	1497	中餐厨师	15 643
票务	520	旅游产品策划师	1481	餐厅领班	7884
游乐运营	420	行程管理 / 计调	1355	酒店部门经理	7746
				杂工	7713
				酒店前台	7686
				咖啡师	7252
				礼仪 / 迎宾	7205
				配菜 / 打荷	6991
				民宿管家	258

3. 旅游企业更加重视员工的软技能

在招聘时对员工的素质要求方面（图2-14），被调研企业普遍认为服务意识（66.35%）、团队意识（53.85%）、吃苦耐劳（50%）、抗压耐挫（45.19%）和沟通协调能力（44.23%）等软技能比较重要，而性格特征（28.85%）、业务技能（25.96%）相对比较重要，而外语能力（5.77%）、毕业院校（6.73%）和职业技能证书（3.85%）对于基层员工而言相对不重要。

此外，2021年高职院校旅游类专业目录更新，进一步提出了提升旅游人才新媒体应用能力、数据分析与应用能力。在进行旅游企业人力资源负责人访谈时，他们表示信息化、数字化已经成为旅游业的重要发展趋势，未来旅游人才应能够更熟练地运用信息化、数字化的技术工具，以进一步提高服务质量和效率。

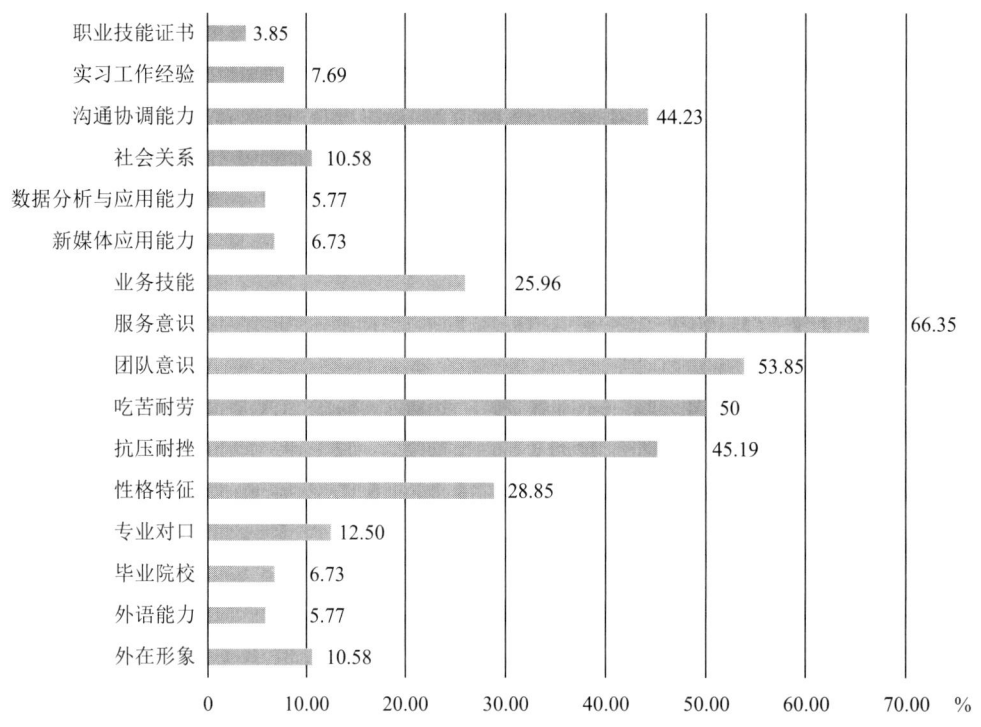

图2-14 被调研旅游企业招聘基层员工的素质要求

在员工晋升时需要的素养方面（图2-15），被调研企业普遍认为职业道德（67.31%）、服务意识（61.54%）、管理水平（56.73%）、专业知识（54.81%）、思维与视野（53.85%）和忠诚度（53.85%）等对于从事督导管理工作非常重要，而对学历层次、国际化水平和外语能力等因素的要求相对较低。

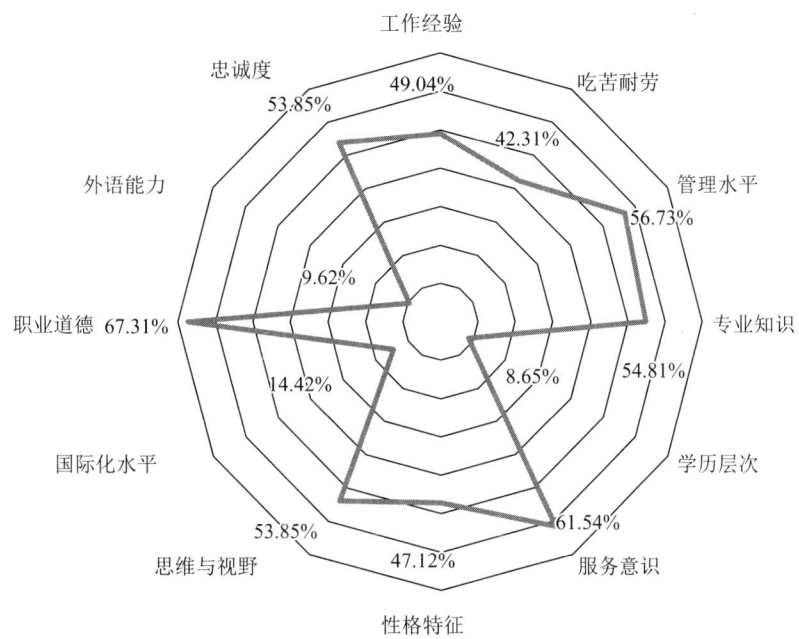

图 2-15　被调研旅游企业对员工晋升的素质要求

（五）旅游企业员工培训与薪酬情况

1. 旅游企业普遍较为重视员工培训

疫情给旅游企业经营带来了影响，但并未影响企业对于产品和服务质量的追求，很多旅游业将疫情期间的休整时间用来加强培训，在被调研企业中，80.77%的企业表示2021年员工培训的时间要超过2020年。在员工培训成本方面，29.81%的被调研企业员工培训成本占企业总成本比重超过10%，仅有27.88%的被调研企业培训成本占比低于5%。超过一半（54.81%）的被调研企业的员工年均接受培训达到10次以上，只有4.81%的企业员工年均接受培训在3次以下。

从员工的培训种类来看，技能培训（96.15%）、新员工入职培训（97.12%）、疫情防范培训（92.95%）仍是企业的主要培训内容，此外，管理能力培训（77.88%）、职业礼仪培训（73.08%）、团队协作能力培训（69.23%）也是企业较为重视的内容（图2-16）。

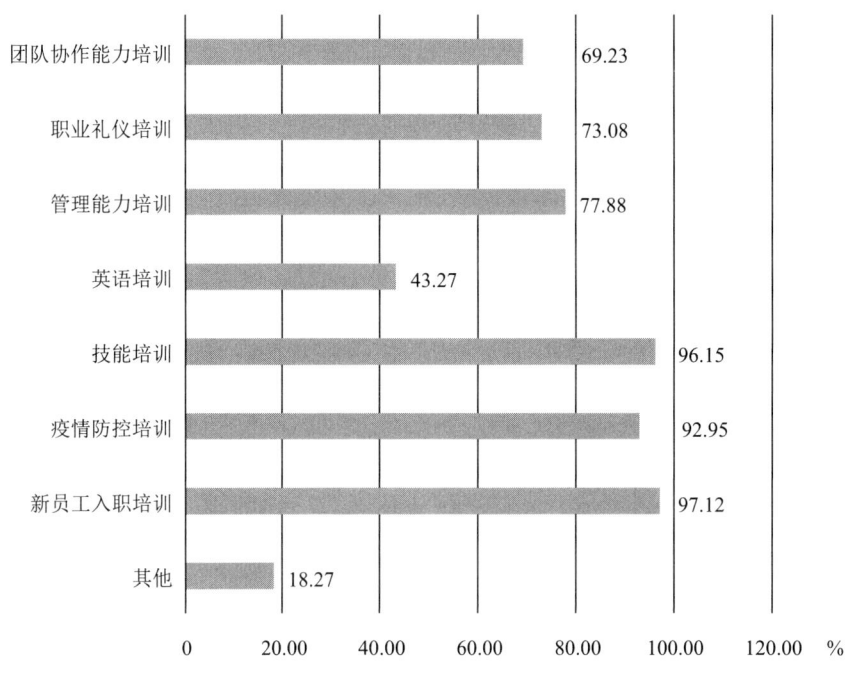

图 2-16　被调研旅游企业员工培训种类

2. 旅游企业员工工资水平普遍偏低

尽管旅游企业人工成本占企业总成本的比重相对较高，但旅游企业员工工资水平却相对较低。被调研旅游企业中，81.15% 的企业人工成本占比超过了 30%，但是 47.12% 的被调研企业的一线员工平均月薪在 4000 元以下，管理层中，也仅有 39.42% 的企业的主管平均月薪水平能达到 6000 元以上，部门经理收入有所提升，31.73% 的企业的部门经理平均月薪在 8000~10 000 元，39.42% 的企业的部门经理平均月薪超过 1 万元。

课题组重点筛选了 51job、智联招聘、58 同城、最佳东方等四个主流招聘平台中北京、上海、广州、深圳、杭州、南京等六个城市的招聘薪资数据（图 2-17），发现这些城市的大多数岗位针对高职学生的招聘薪资都在 4000~8000 元，且这几个城市中，深圳的工资水平相对较高，在招聘高职学历的学生时 34.93% 的企业招聘工资在 6000~8000 元，18.69% 企业的招聘薪资能超过 12 000 元 / 月。

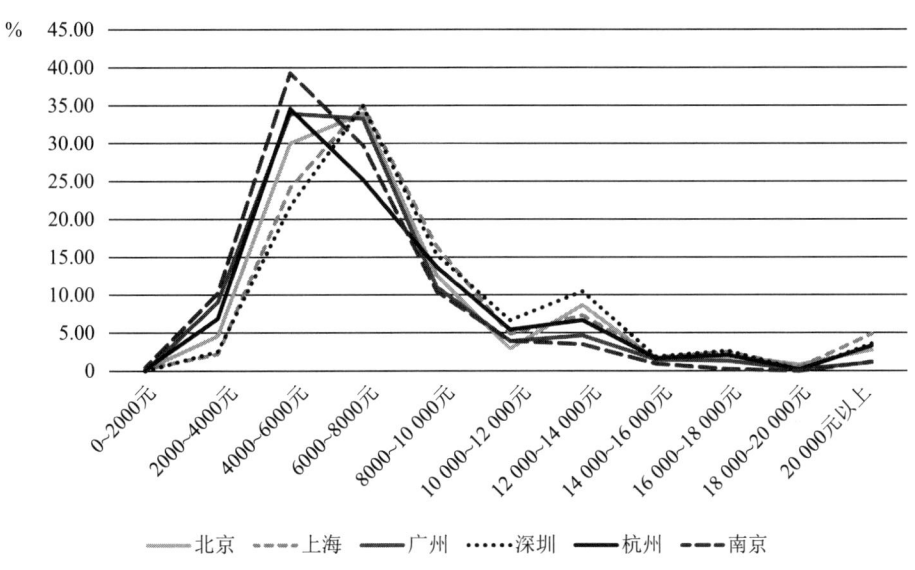

图 2-17 典型城市旅游企业针对高职学生的招聘薪资待遇

旅游企业招聘本科生的工资水平相对较高（图 2-18），在被调研的几个典型城市的旅游企业招聘数据中，每个城市 60% 以上的旅游企业能够为本科生提供 8000 元 / 月的工资待遇，其中，81.58% 的上海旅游企业可以提供该水平的工资。而 26.61% 的广州旅游企业甚至能提供 20 000 元以上的月薪。

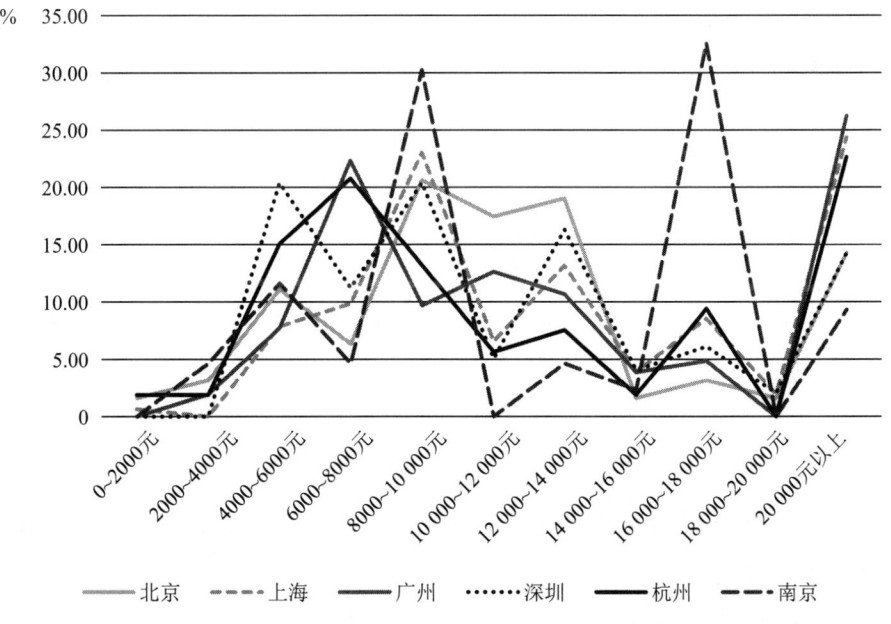

图 2-18 典型城市旅游企业针对本科学生的招聘薪资待遇

（六）旅游企业与院校合作情况

1. 旅游企业对院校实习生和毕业生培养质量较为认可

被调研旅游企业中，78.85%的旅游企业和85.58%的旅游企业分别对实习生、毕业生的素养和能力表示满意。而部分对学生素质不完全认同的企业认为，不管是实习生还是毕业生，他们在吃苦耐劳、抗压耐挫、服务意识等方面普遍较为缺乏，而且专业技能也不够成熟（图2-19）。

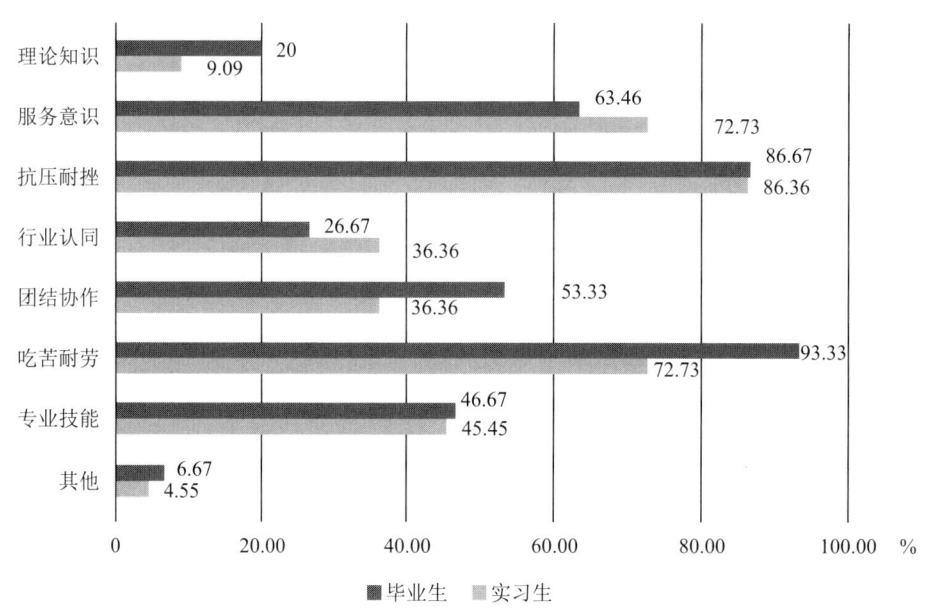

图2-19 被调研旅游企业认为毕业生和实习生相对缺乏的素养

2. 旅游企业普遍较为重视校企合作

早在2018年，国务院发布《国家职业教育改革实施方案》时就提出要深化产教融合，支持和鼓励旅游企业参与职业教育，并于2021年7月公布了首批63家国家级产教融合型企业，各个省市也在鼓励企业深度参与职业教育，评选了一大批省、市级产教融合型企业。

旅游企业也积极参与旅游职业人才培养，并将学校作为重要的员工储备来源。89.42%的被调研旅游企业存在校企合作关系，其中有91.4%的旅游企业合作对象是高职院校，8.6%的旅游企业的合作院校是本科院校，且53.76%的被调研旅游企业合作院校的数量超过5所。

在合作方式方面，提供实习基地仍然是占比最高的合作方式（96.77%），此外，旅游企业也越来越多地参与到院校的师资队伍建设（60.22%）、人才培养方案制定

（62.37%）、实习实训基地共建（60.22%）等过程中（图 2-20）。此外，有 25% 的被调研企业与院校建立了订单班，且其中有 69.23% 的订单班人数超过了 30 人。

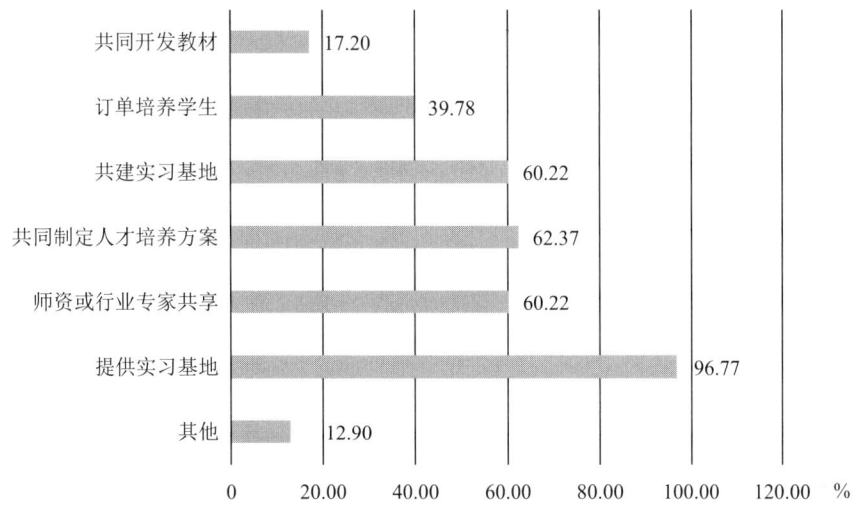

图 2-20 被调研旅游企业校企合作方式

五、调研结论

在新冠疫情的冲击下，我国旅游业受到了极大的挑战。但是新的产业发展模式、新的市场需求、新的技术手段等都在推动着旅游产业的转型和升级。中国旅游产业在业态、产品、服务、管理等方面产生了深刻的变化，从而导致旅游行业人才需求产生新的变化。课题组通过焦点小组访谈、问卷调研、数据挖掘等方式梳理了 2021 年我国旅游企业的人才需求情况，具体而言，我国目前旅游企业对人才需求的特点主要表现在以下三方面。

第一，旅游企业用人招聘计划相对减少，员工流失率有所提升。受新冠疫情影响，2021 年，68.27% 的被调研企业的人力资源招聘计划较 2020 年有所减少，只有 5.77% 的企业有少量增加招聘的计划，且以会展公司和研学机构为主。而企业在减少招聘计划的同时，员工流失率较 2021 年有所提高。在被调研企业中，有 45.19% 的旅游企业员工流失率超过了 20%，其中旅行社和酒店企业员工流失率相对较高。而在员工流失原因方面，工资待遇低成为首要因素。

第二，旅游管理是旅游企业需求量最大的专业，对复合型旅游人才需求增大。在被调研企业中，80.77% 和 83.65% 的企业分别提出对旅游管理高职和本科专业的需求。旅游企业对高职院校酒店管理与数字化运营专业、本科的酒店管理专业需求分别位列第二位。受疫情影响和旅游企业转型升级发展需要,旅游企业对通识型、复合型人才需求进一步增大。

第三,旅游企业新岗位不断出现,对人才素质需求结构有相应调整。由于疫情、新技术对旅游企业的影响,旅游企业的岗位需求也发生了变化,针对个性化、新业态旅游消费需求的旅游产品策划师、旅游定制师、旅游体验师、研学产品销售、民宿管家、旅游大数据分析师等岗位需求都有所增加。而在对人才素质需求方面,除了对软技能的要求之外,旅游企业也对人才的数据分析、新媒体应用的能力提出了相应需求。

第三章 供给侧调研：中国院校旅游类专业人才培养状况

一、中国旅游教育发展概况

（一）招生情况

2021年，我国院校旅游人才招生规模基本稳定。课题组采集各省市的2021年高考招生数据，其中采集高职专业涉及省市24个，首次采集本科专业涉及省市30个。通过采集数据整理分析，2021年本专科旅游类专业招生人数合计为128 907人。其中，2021年24个省市旅游类高职专业的招生数量为82 556人（如图3-1所示），相比2020年招生规模有所减少；生源输出排名前三位的省份分别为河南、广西和四川，其中河南省的高职旅游类生源达16 503人，比2020年增加了5752人。30个省市旅游类本科专业的招生数量为46 351人（如图3-2所示），生源输出排名前三位的省份分别为河南、贵州和广东，其中河南省的旅游类本科生源达5240人。

24个省市招生数据显示，2021年高职旅游类专业招生排名前三位的是旅游管理、酒店管理与数字化运营、烹饪工艺与营养等3个专业，招生人数分别为29 813人、25 942人和8688人（如图3-3所示）。招生数据显示，2021年30个省市本科旅游类的旅游管理和酒店管理两个专业的招生人数分别为35 099和11 252人（如图3-4所示）。

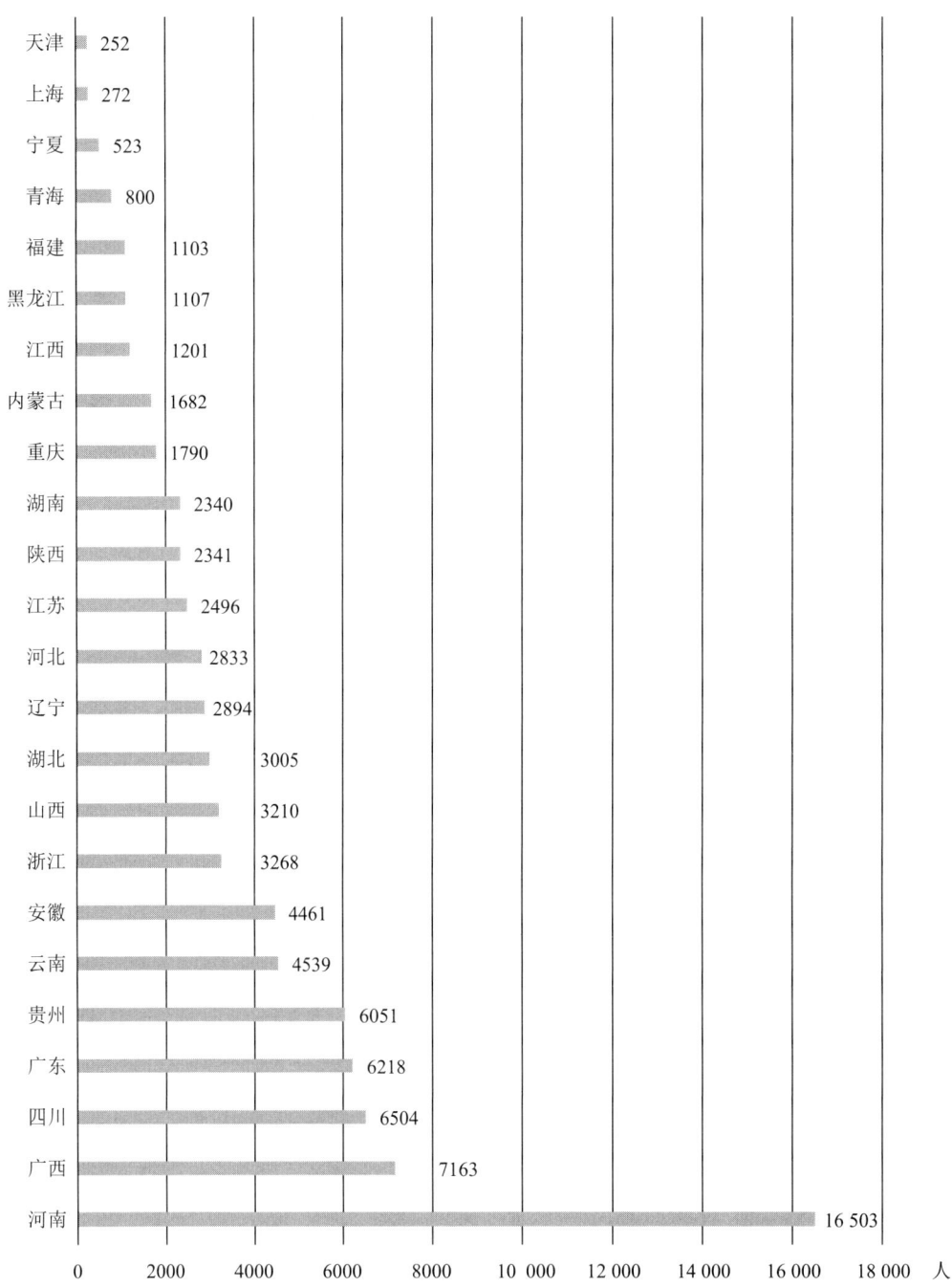

图 3-1　2021 年 24 个省市招收高职旅游类专业的招生数量

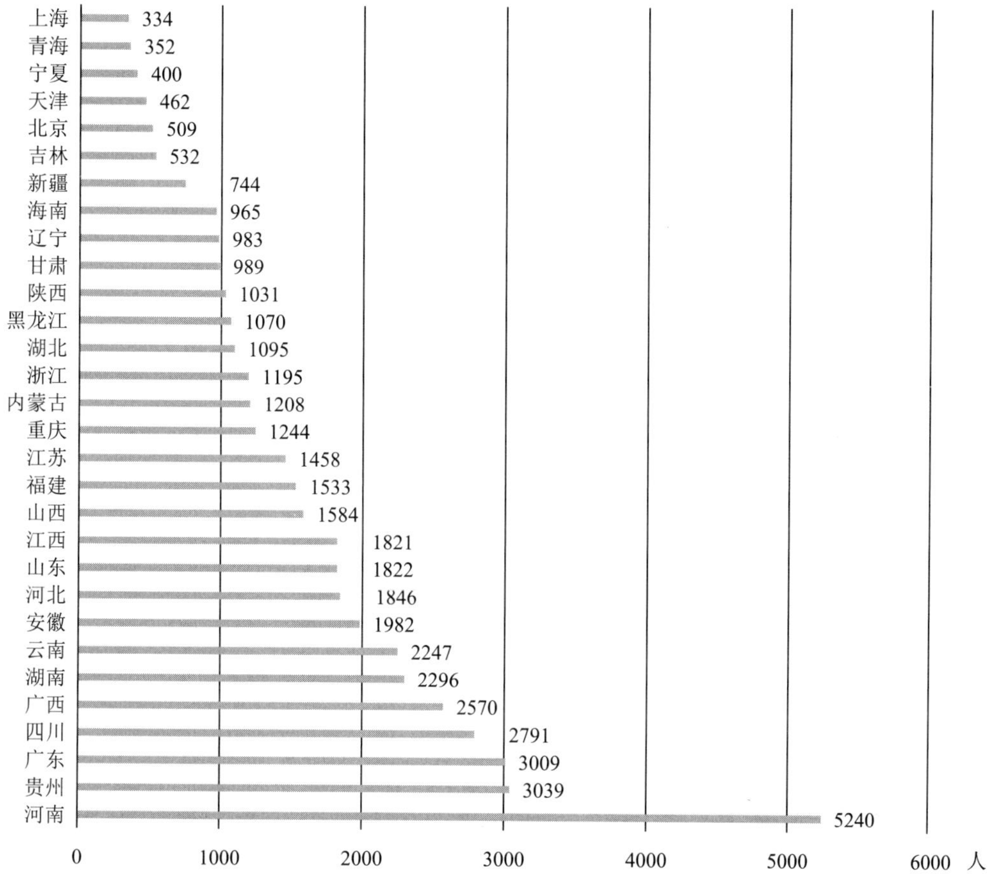

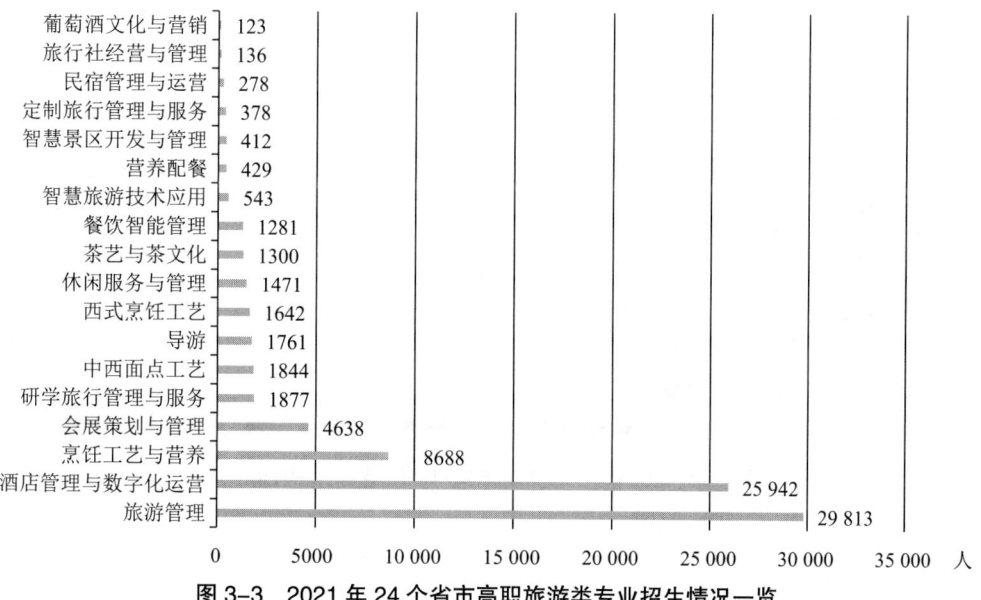

图 3-2　2021 年 30 个省市招收本科旅游类专业的招生数量

图 3-3　2021 年 24 个省市高职旅游类专业招生情况一览

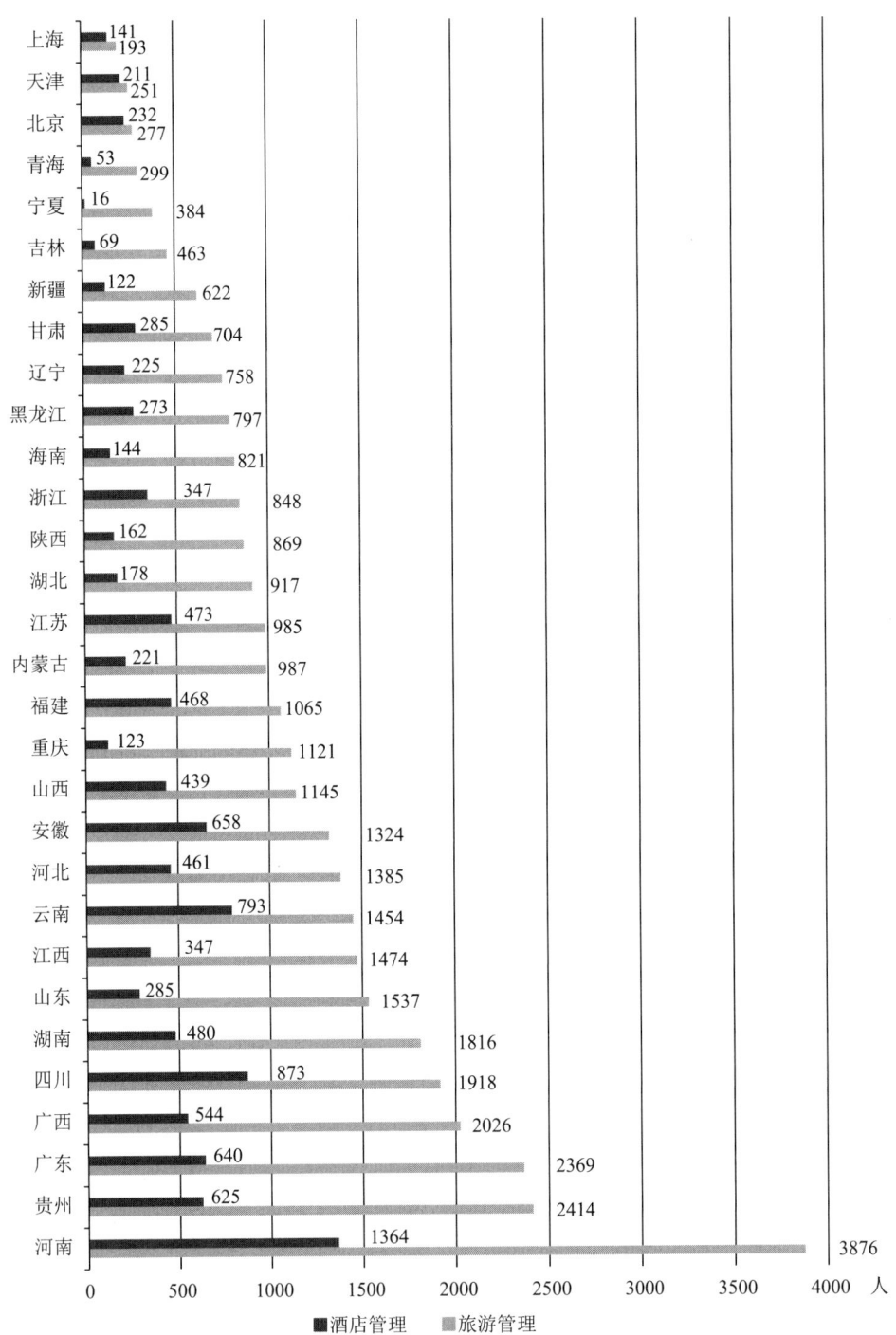

图 3-4　2021 年 30 个省市本科旅游类专业招生情况

(二)院校情况

除了上述以各省份招生视角的统计情况以外,课题组从全国各旅游院校的视角进行了数据梳理,统计显示2021年全国高校招收旅游类专业学生的院校共有1344所,其中招收高职旅游类专业的院校数为917所,招收本科旅游类专业的院校数为509所,高职和本科旅游类专业各招生院校分布于各省市的数量情况如图3-5、图3-6所示,同时招收旅游类本科和专科专业的院校数为82所。

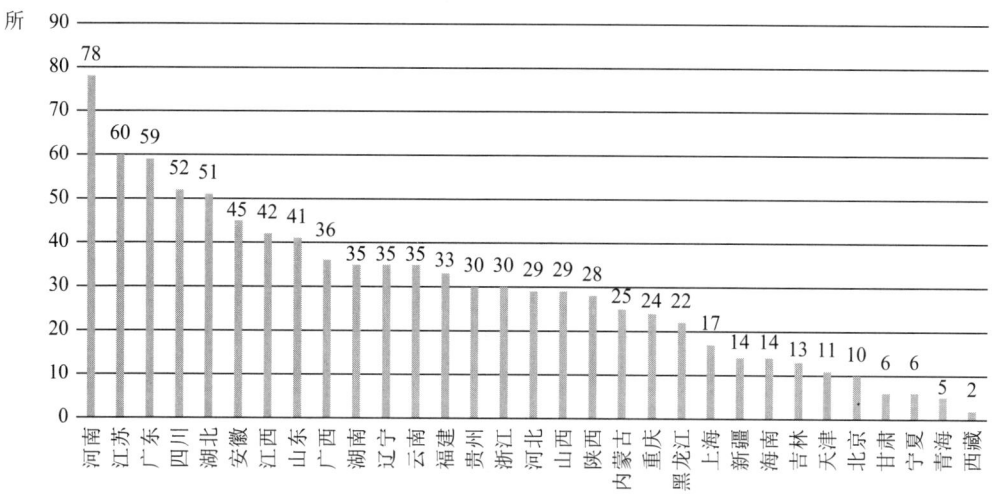

图3-5　2021年全国31个省市高职旅游类专业各招生院校分布情况

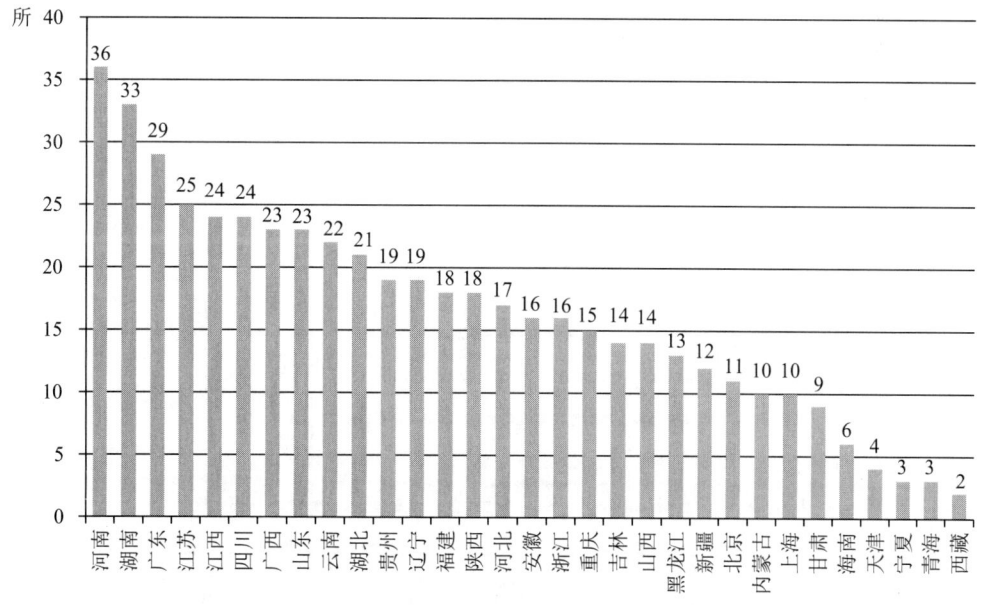

图3-6　2021年全国31个省市本科旅游类专业各招生院校分布情况

(三)专业设置与调整情况

根据教育部公布的专业目录显示,2021年高职旅游大类专业共计18个,比2020年新增了4个,分别为智慧旅游技术应用、定制旅行管理与服务、民宿管理与运营、茶艺与茶文化专业。2021年新增专业招生规模不大,课题组调研数据显示,定制旅行管理与服务专业涉及12所院校招生规模为378人(如图3-7、图3-8所示);民宿管理与运营专业涉及8所院校招生规模为278人(如图3-9、图3-10);智慧旅游技术应用涉及11所院校招生规模为543人(如图3-11、图3-12)。

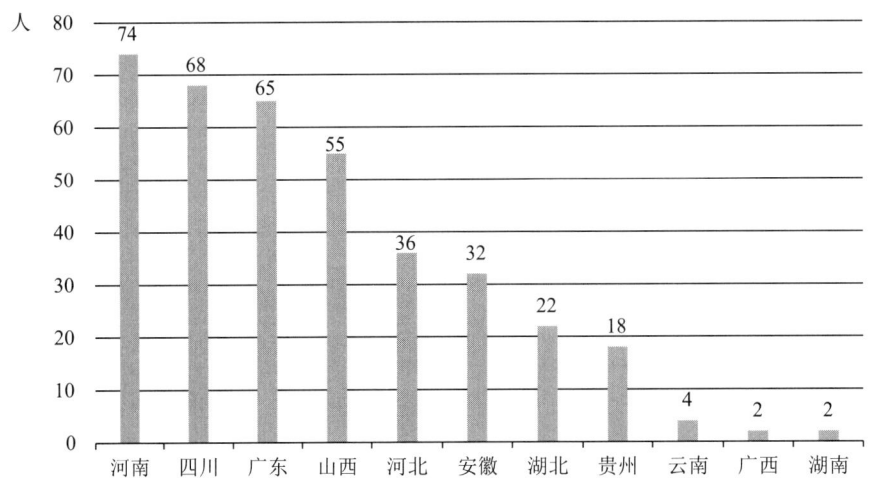

图3-7 2021年定制旅行管理与服务专业在11个省份生源数情况

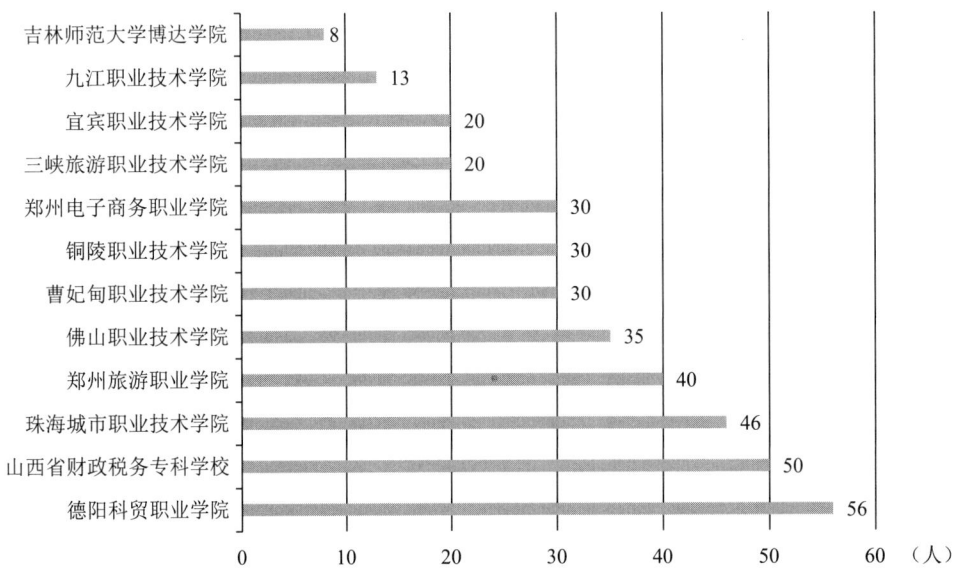

图3-8 2021年院校定制旅行管理与服务专业招生数情况

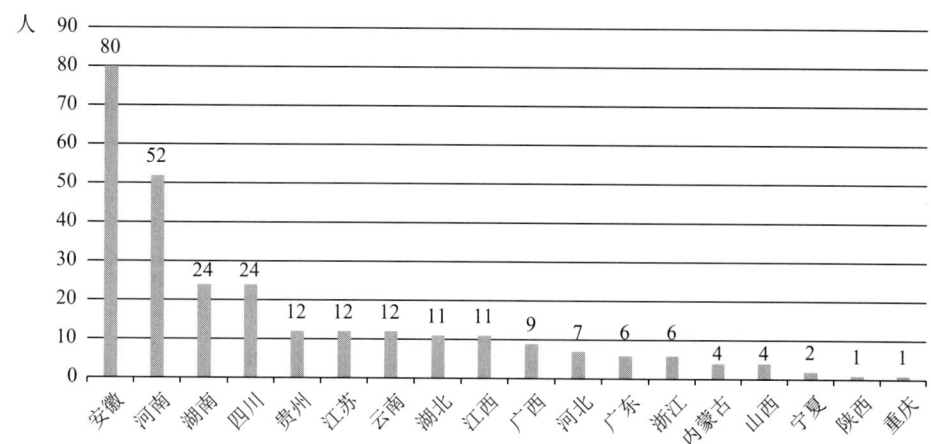

图 3-9 2021 年民宿管理与运营专业在 18 个省份生源数情况

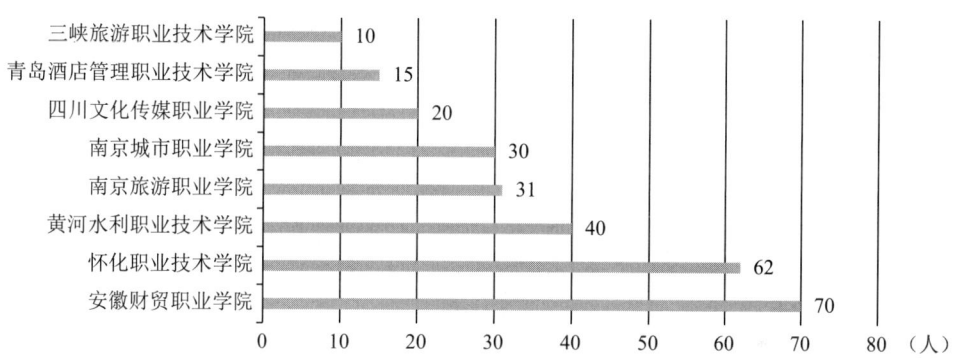

图 3-10 2021 年院校民宿管理与运营专业招生数情况

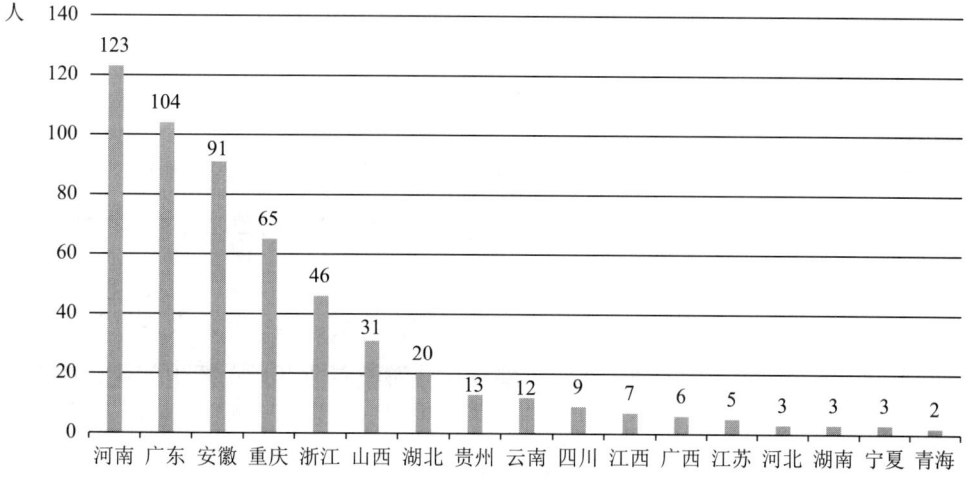

图 3-11 2021 年智慧旅游技术应用专业在 17 个省份生源数情况

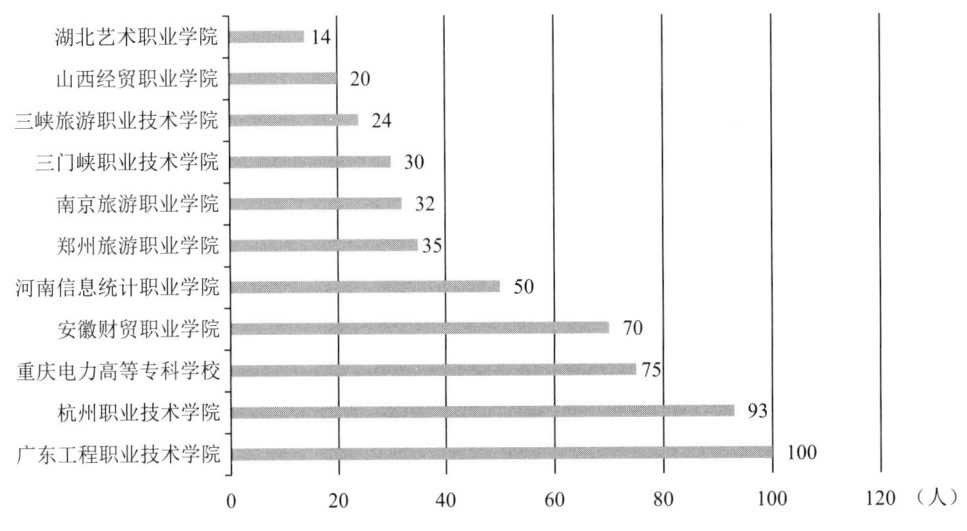

图 3-12　2021 年院校智慧旅游技术应用专业招生数情况

二、调研方案的设计与说明

（一）调研内容

本课题面向开设旅游类专业的院校开展旅游人才需求的供给侧调查。设计调查问题如下：①旅游类专业开设情况，包括新增专业情况等；②旅游类专业学生情况，包括在校生人数，学生生源情况等；③旅游类专业招生就业情况，包括社会扩招情况；④"1+X"证书制度试点工作推进情况；⑤校企合作情况，包括产业学院建设情况，合作企业数量、类型、等级，合作方式、订单班开设情况等；⑥毕业实习情况，包括实习岗位、实习薪酬等；⑦院校视角下，企业对学生最为看重的是素养要素。

（二）调研方法

1. 现场访谈

课题组选取了20家旅游类院校（其中，5家本科、10家高职、5家中职），就招生情况、社招情况、"1+X"证书制度推进工作、实习薪酬等问题进行了访谈调研。

2. 数据分析与问卷调研

本次调研通过对全国30个省市的高考招生数据分析、网络问卷及现场问卷等方式进行问卷设计与发放，具体掌握2021年院校在旅游类专业开设、招生就业、产教融合等实际调研数据。

3. 文献法

对于2021年国家对专业教育教学的新要求方面，课题组采取了文献资料收集等方式，查找相关政策文件。

(三) 调研样本

院校调查对象包括本科、高职和中职院校，其地域分布包含了华东、华南、华中、西北、西南、东北等地区，以保证地域上的全覆盖性。其中现场问卷发放 73 份，网络问卷呈有效回收 109 份，共涉及本科院校 34 所，高职院校 116 所，中职院校 32 所。

三、被调查学校基本情况

本次调查的学校以高职院校为主，兼顾本科和中职院校。本次调查共涉及高职院校 116 所，地域分布涉及安徽、北京、福建、甘肃、广东、广西、贵州、海南、河北、河南、黑龙江、湖北、湖南、吉林、江苏、江西、辽宁、内蒙古、宁夏、青海、山东、山西、陕西、上海、四川、天津、新疆、云南、浙江、重庆等地。基本覆盖了华东、华南、华中、西北、西南、东北等地区，地区分布较为全面，具体分布情况如图 3-13 所示。被调查的院校从性质来看，公办的旅游类高职院校占 23.74%，其中包括一些独立旅游院校，如山东旅游职业学院、浙江旅游职业学院、南京旅游职业学院、郑州旅游职业学院、青岛酒店管理职业技术学院；公办综合类高职院校占 48.17%；民办综合类高职院校占 7.25%；其他占 20.84%，各调研类型学校基本覆盖。

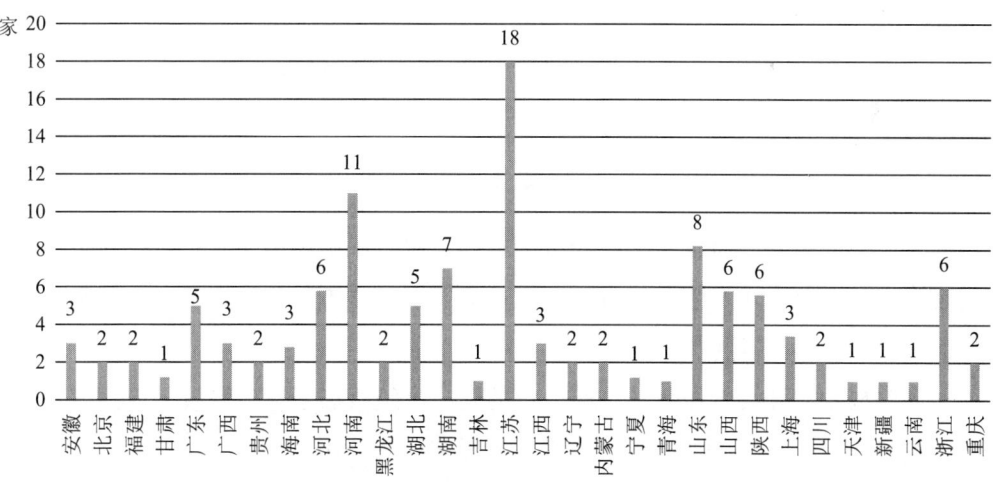

图 3-13 调查高职院校地区分布情况图

四、被调查学校人才培养的基本情况

（一）专业开设情况

在所调查的高职院校中，开设专业占前三位的是旅游管理（71.55%）、酒店管理与数字化运营（65.51%）、烹饪工艺与营养（37.06%），与2020年专业设置排名没有变化。具体开设情况如图3-14所示。

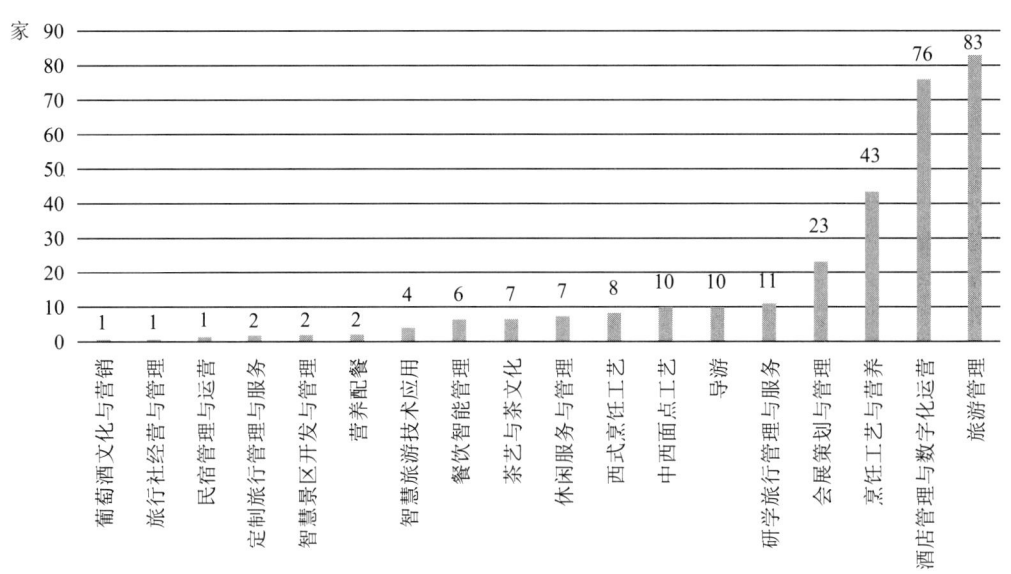

图3-14 高职院校开设旅游类专业情况表

所调查的本科院校中，开设较多的是酒店管理和旅游管理两个专业。有些本科院校的旅游管理类招生专业含国际导游、旅游管理与服务教育、生态旅游、旅游经济战略与管理、会展策划与管理、会展经济与管理、数智旅游和酒店管理等招生方向；酒店管理专业招生包含了奢侈品管理与开发、酒店财务、国际酒店运营、旅居新业态和数字化运营与管理等招生方向。

中职院校中，开设专业数量占前三位的是高星级饭店运营与管理、旅游服务与管理、中餐烹饪专业，和2020年相比专业设置排名没有变化。

（二）专业学生存量情况

1. 旅游类在校生规模总体稳定，传统专业招生优势明显

在被调查的院校中，多数学校旅游类专业在校学生人数位于100~2000人的区间段中。其中，100~299人区间段的学校占10.34%，300~499人区间段的学校占18.97%，500~999人区间段学校占29.31%，1000~1999人区间段学校占22.41%，2000~2999人区间段学校占 11.21%。在校生人数位于 3000 人以上区间段的，大部分为独立的旅游类院校，如浙江旅游职业学院、南京旅游职业学院、山东旅游职业学院、太原旅游职业学院、郑州旅游职业学院等。具体情况见图 3-15。

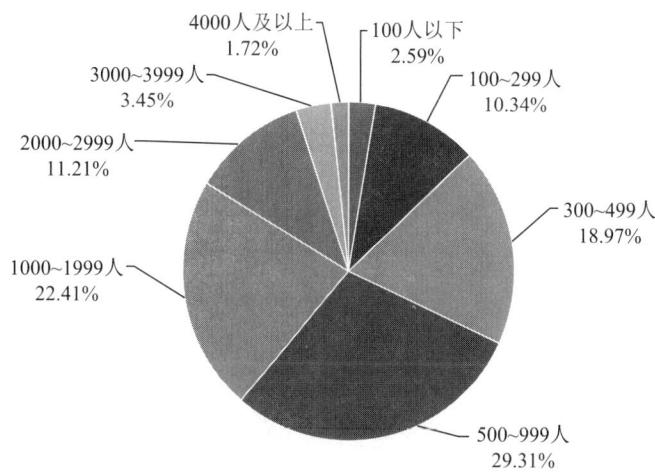

图 3-15　职业院校旅游类专业在校生人数情况

在旅游类的专业中，46.55% 的院校表示旅游管理专业的在校生人数最多，该专业学生最多的达 1500 余人；43.10% 的院校表示酒店管理与数字化运营专业的在校生人数最多，该专业学生最多的达 2000 人。从调查数据可以发现，导游（导游服务）等专业学生人数持续在减少。具体情况见下图 3-16。

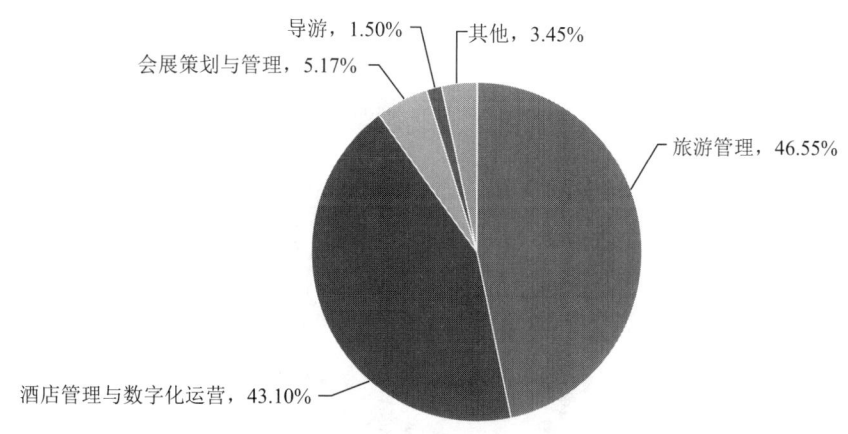

图 3-16　各院校关于在校人数最多的旅游类专业情况图

2. 省内区域招生比例有所下降，生源结构全国招生占比持续上升

在对旅游类专业生源情况进行调查的过程中，我们发现，58.16%的院校表示其主要生源来自本省，10.73%的院校表示其主要生源来自周边省份，31.11%的院校表示其主要生源来自全国各地。和2020年的数据相比，主要生源来自本省的院校数量占比有所下降。具体情况见3-17。

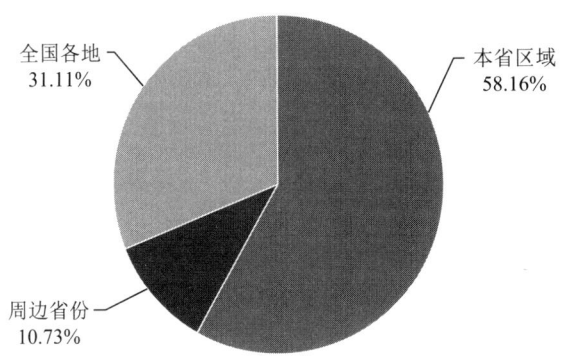

图3-17 各院校旅游类专业主要生源情况

（三）招生情况

2021年，旅游类专业招生规模基本稳定。在被调查的院校中，大多数学校旅游类专业招生规模人数位于100~1999人的区间段中。其中，100~299人区间段的学校占13.79%，300~499人区间段的学校占21.55%，500~999人区间段学校占31.03%，1000~1999人区间段学校占17.24%，2000人及以上区间段学校占11.21%，招生人数位于2000人以上区间段的，主要为独立的旅游类院校。具体情况如图3-18所示。

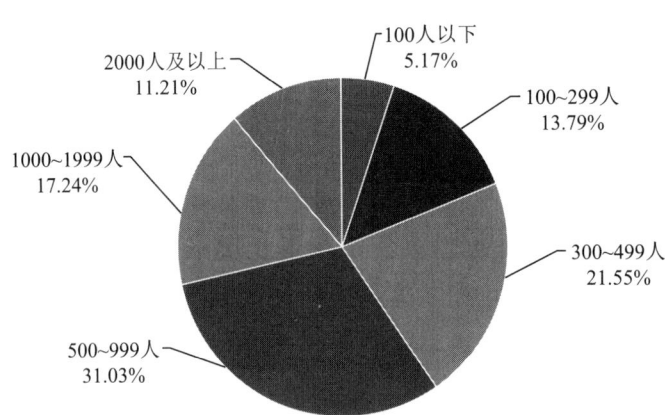

图3-18 2020旅游类专业招生规模各区间段院校占比情况

调研结果显示，高职院校继续开展面向社会人员的旅游类专业扩招工作，社招学

员主要来自企业员工。针对社会学员的培养还需要在实训场地、教学评价、学习考核等方面作出改善。

此外，根据全国职业院校专业设置管理与公共信息服务平台公布的2022年高等职业学校拟招生专业设置备案结果，本次共撤销或停招14个专业点，旅游类专业撤销或停招备案主要集中在导游专业，位居2022年高职院校撤销或停招备案专业TOP20名单的第19位。①

（四）就业情况

本次调查结果显示，28.96%的院校表示旅游管理专业就业率较高，该专业就业率在91%以上，专业对口率为30.3%左右；25.32%的院校表示酒店管理与数字化运营专业就业率较高，该专业其就业率在97.5%以上，专业对口率约为63.8%。从总体的调研结果来看，2021年由于受疫情影响，旅游类专业整体就业情况不太理想，专业对口率比往年有所下降。调查结果还显示，2021年招聘实习生最多的企业类型排名前三的为酒店、会展公司和线上旅行社。

另外，2021年全国硕士研究生报名人数继续呈递增趋势，考研报考人数377万，较2020年341万增加36万，人数增幅为10.6%，报考人数再创历史新高。②调研发现就业压力是导致研究生报名人数暴涨的主要原因之一。2021届高校毕业生规模达909万人，同比增加35万人，毕业生规模处于近十年来的高位。加上近两年新冠疫情的影响，使得就业形势更为严峻。③

（五）"1+X"证书制度试点工作情况

2021年职业院校继续推进旅游类"1+X"证书制度试点工作，除了前三批的研学旅行策划与管理EEPM［中船舰客教育科技（北京）有限公司］、邮轮运营服务［中船舰客教育科技（北京）有限公司］的证书外，新增旅游类的第四批"X"证书共10个，如定制旅行管家服务［携程旅游网络技术（上海）有限公司］、前厅运营管理（北京首旅集团培训中心）、餐饮服务管理（北京首旅集团培训中心）、葡萄酒推介与侍酒服务（新疆方葡香思教育咨询有限公司）、餐饮管理运行（中国饭店协会）、酒店运营管理（中国饭店协会）、酒店收益管理（北京三快在线科技有限公司）、现代酒店服务质

---

① 最新！2022年全国高职院校撤销专业TOP20名单出炉［EB/OL］.［2022-03-04］.https://www.sohu.com/a/527200367_451178.
② 2021研究生报告最新出炉！博士每年招生超10万人！［EB/OL］.［2020-12-31］.https://www.sohu.com/a/441765470_653813.
③ 重磅！2021年全国研究生招生调查报告出炉［EB/OL］.［2021-05-09］. https://www.bilibili.com/read/cv11210766/

量管理（华住酒店管理有限公司）、粤点制作（广东省餐饮技师协会）和粤菜制作（广东省餐饮技师协会）等。①

对于"1+X"证书制度试点工作，本次调查结果显示，55.34%以上的职业院校认为试点工作开展得比较顺利，比2020年有所提升；43.36%的院校认为证书内容与所学专业知识相适应；31.02%的院校认为证书体现了新技术、新工艺、新规范；75.87%的院校认为社会对现在的职业技能证书或职业资格证书认可度较低；23.15%的院校表示已经将考核的职业技能等级证书相关内容逐步融入到了相关课程中；部分学校表示试点实施工作面临困难，主要为证书的选择和经费预算等问题。

（六）校企合作情况

1. 合作方式

在校企合作的方式上，目前主要有提供实习基地、师资或行业专家共享、共商人才培养方案、共建实习基地、共建产业学院、现代学徒制、共同开发教材、订单培养学生，等等。本次调查结果显示，61.34%的院校采取了"提供实习基地"的形式，和2020年相比，采取这种传统的合作方式的院校有所减少；23.37%的院校采取了"现代学徒制"的形式，经过几年的推广，这种形式已经被很多职业院校和企业所采用，该比例和2020年相比下降19.5%；有17.39%的院校采用了"产业学院"的形式；31.26%的院校采取了"订单培养"的形式；25.63%的院校采取了"共建实习基地"的形式，还有20.15%的院校采取了"共同制定人才培养方案"的形式。从当前数据看，职业院校和企业之间的合作形式呈现多元化模式，校企合作更加深入。具体情况见图3-19。

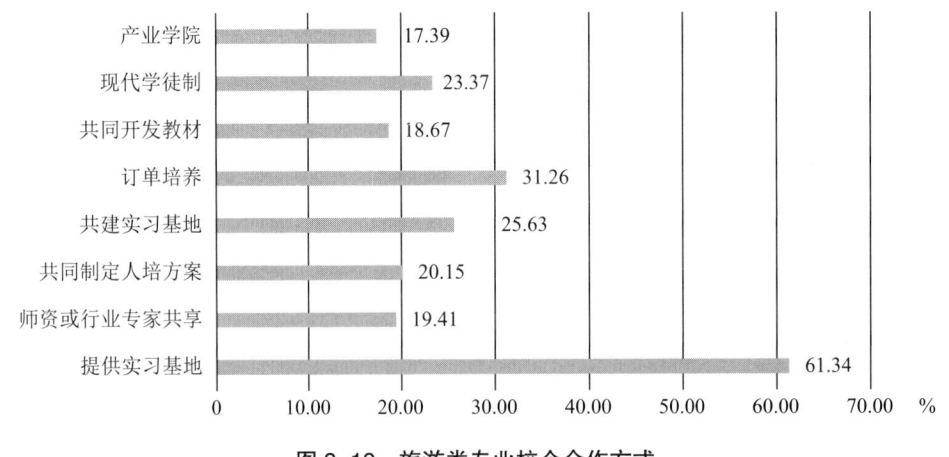

图3-19 旅游类专业校企合作方式

---

① 可参见：教育部1+X证书目录一览表，网址为http://m.bendibao.com/mip/877271.html。

本次调查结果显示，2021年订单班的学生数量主要在50~99人，占比最高为67.83%，订单班学生留用率选择最多的区间是40%~49%，占比70.39%。中职、高职和本科留用率最高的专业分别为高星级饭店运营与管理、酒店管理与数字化运营和旅游管理专业。而旅游类专业学生实习结束在实习单位的留用率选择最多的区间是10%~29%，占比为63.24%。

由于"提供实习基地"依然是当前最主要的校企合作方式，调查组进一步对学生顶岗实习的时间进行了调查。根据调查发现，26.51%的职业院校顶岗实习时间在10个月及以上，和2020年数据相比有所下降。此外，受疫情影响，很多学校的学生顶岗实习存在不稳定、被中断的现象。

2. 实习岗位

2021年，旅游类企业提供的就业实习岗位比较多样化，涉及一线业务岗位的有旅游线上推介（模特）、旅游产品销售、民宿服务员、票务、行程管理/计调人员、酒店收益管理人员、乐园运营；一线技术岗主要有导游、旅游顾问等；基层管理岗主要集中在质量服务和管理、客服经理、民宿运营经理（见图3-20）。可见，当前旅游类企业提供的就业实习岗位依然以一线业务岗位为主。

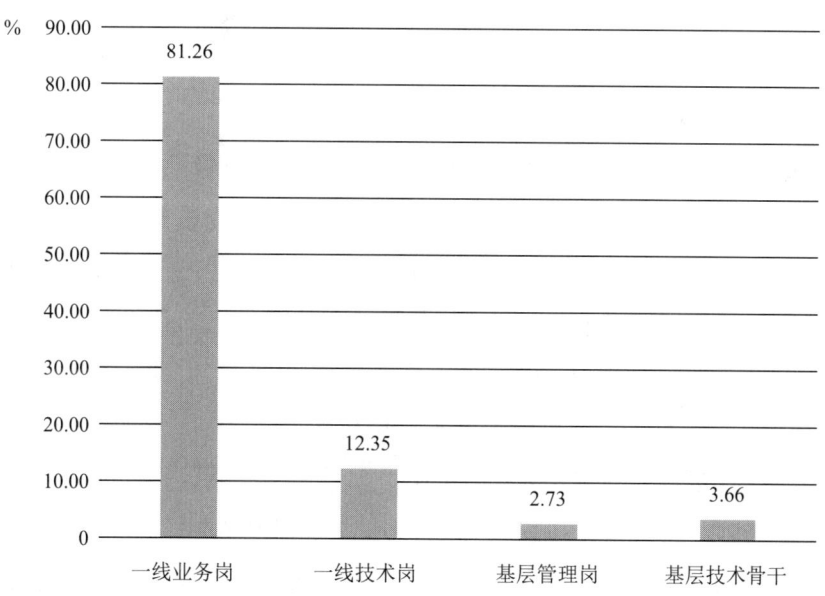

图 3-20　旅游类企业就业实习岗位情况

3. 薪酬情况

课题组对一些典型城市如北京、上海、广州、深圳、杭州、南京、苏州、无锡等的旅游类毕业生薪酬进行了调查，2021 年的数据显示，职业院校（大专学历）初次就业工资有所提升，旅游企业大多数岗位的平均工资水平在 4000~6000 元，中等职业教育人才的薪酬水平在 2500~4500 元。其中，北京、上海、广州、深圳等一线城市，旅游企业大专生月工资水平比平均工资水平高出 2000 元左右。

4. 企业对毕业生要求

关于企业对于毕业生最为看重的素质和能力，院校的看法较为一致，排名靠前的素质和能力有：职业道德、抗压能力、学习能力、适应环境、服务意识、团结协作、吃苦耐劳、忠诚度。

五、调研结论

课题组通过本次调研，在旅游人才供给方面呈现以下特点。

1. 旅游类招生总体规模稳中略降，智慧旅游人才培养迫在眉睫

相比 2020 年的旅游类招生规模虽然有所减少，但总体保持相对稳定。同时，专业结构也顺应旅游产业转型升级以及数字文旅融合的发展趋势进行变化调整，很多学校开设旅游数字化、智能化、智慧化的相关专业，并增加招生数量。如新增了智慧旅游技术应用、餐饮智能管理、智慧景区开发与管理等专业。如何对接旅游产业办好这些新专业，不断扩大新专业的招生规模，提高旅游人才培养质量成为院校人才培养工作中亟须解决的问题。

2. 产教深度融合持续推进，积极探索现代产业学院建设模式

目前校企合作、产教融合不断深入，在旅游行业数字化转型的背景下，教师、教材、教法都面临改革挑战，本科院校、高职院校都在积极探索现产教融合的新模式，特别是现代产业学院的建设和运行模式。如根据产教深度融合的"双主体"育人目标，探索建立并不断完善校企共同治理模式，实现校企共同决策、共同治理，师资互相评聘共建共享，校企合作制定人才培养方案，开发新课程、新形态教材等；提高人才培养质量，从而充分发挥校企双元育人的功效。

3. 坚持三全育人、五育并举，不断提升毕业生的职业素养

调研结果显示，企业最看重毕业生的素质和能力中，职业道德、抗压能力、学习能力、适应环境、服务意识、团结协作等排在前面，企业希望院校能够高度重视培养学生的这些素质和能力。因此，院校应根据旅游企业人才需求的特点，将职业素养课程纳入人才培养方案、科学设计课程体系和教学内容，旅游职业院校应积极推进"全员育人、全程育人、全方位育人"的"三全育人"综合改革，把立德树人融入思想道

德教育、文化知识教育、技术技能培养、社会实践教育各环节。始终坚持"德智体美劳"五育并举,加强学生的劳动教育和思想政治教育,提升学生的抗挫抗压能力,团结协作能力,提高学生对职业的认同感,不断深化学生的职业理想和职业道德教育,切实提升学生的职业热爱、综合素质和职业胜任能力。

第四章　旅游人才需求规模预测与分析

一、人才需求规模现状分析

新冠疫情给旅游业带来了前所未有冲击和挑战，近两年来旅游产业受损较重。世界旅游城市联合会（WTCF）与中国社会科学院旅游研究中心在线发布的《世界旅游经济趋势报告（2022）》显示，2021年全球旅游总人次达到66.0亿人次，全球旅游总收入达到3.3万亿美元，分别恢复至2019年的53.7%和55.9%，恢复至疫情前的不足60%；乐观情况下，预计2022年全球旅游恢复至疫情前的七成左右。① 国内旅游复苏情况好于国际旅游。在我国政府救助和企业自救下，旅游业正在恢复发展，并呈现积极向好的态势。从图4-1显示的数据可以看出，2021年旅游总收入和旅游总人数双双回升，旅游人数达32.5亿人，旅游总收入达29 191亿元，比2020年分别增长13%和31%。②

受疫情影响，旅游人才需求规模有所下降，但是旅游业领军人才、旅游新技术、新业态人才、智慧旅游技术应用人才等明显供给不足。据BOSS直聘研究院发布的《2021应届生就业趋势报告》③显示，2021年，数字技术、医疗健康、智能制造和教育领域等高学历人才竞争激烈，产业界应届博士生招聘需求同比增幅达到75.7%，平均招聘薪资24 775元；同时，5G、大数据、云计算、人工智能、新能源汽车及自动驾驶等"新基建"代表领域的应届生招聘需求同比增长57.6%，平均薪资同比增长9.2%，达到8393元，薪资水平高出应届生整体平均招聘薪资的37.3%。值得关注的是，2021年国务院发布的《"十四五"旅游业发展规划》和文化和旅游部印发的《"十四五"文化和

---

① 中国社会科学院旅游研究中心.世界旅游经济趋势报告（2022）[EB/OL].[2022-03-02].https://www.1905.com/news/20220313/1567860.shtml.
② 国家统计局.中华人民共和国2021年国民经济和社会发展统计公报[EB/OL].[2022-02-28].http://www.stats.gov.cn/xxgk/sjfb/zxfb2020/202202/t20220228_1827971.html.
③ 马焱.BOSS直聘：2021年应届生岗位同比涨52.5%，校招岗位平均薪资6112元[N].钱江晚报，2021-06-15.

旅游发展规划》,都明确提出:"十四五"期间,深化旅游业供给侧结构性改革,深化"互联网+旅游",推进智慧旅游发展、推动"旅游+""+旅游",提供更多优质旅游产品和服务,加强区域旅游品牌和服务整合,努力实现旅游业高质量发展。可以预见,未来旅游业的发展急需加大对领军人才,以及数字化、智慧化、专业化、人文化、创新型、复合型旅游人才的培养,亟须建设一支与旅游业发展相适应的高素质人才队伍。

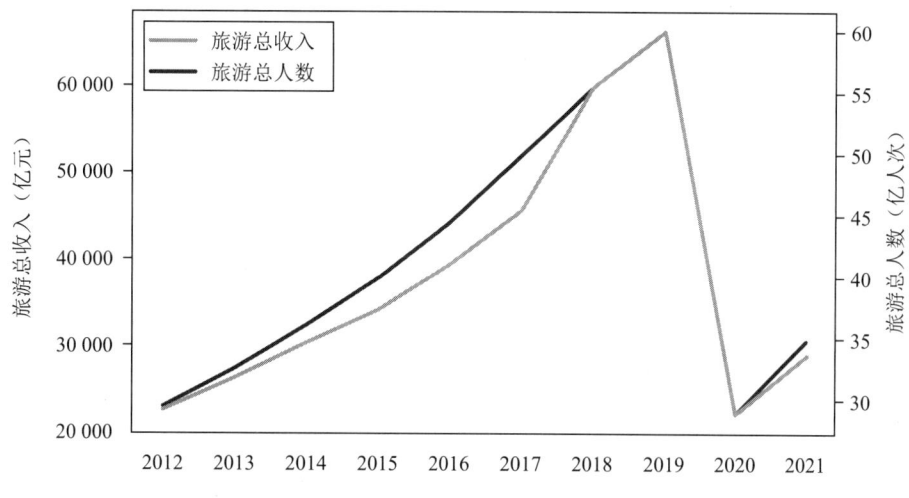

图 4-1　2012—2021 年旅游总收入与旅游总人数

注:根据 2012—2021 年《中华人民共和国国民经济和社会发展统计公报》旅游业数据绘制。

二、需求规模预测理论模型的选择、计算工具及数据来源

为科学预测,本年度在继续采用灰色预测 GM(1,1)模型和 Elman 神经网络模型的基础上,新增了已经很成熟的 ARMA 模型作为对比参考,三种模型的实现工具均采用 MATLAB(版本为 R2020b)编写计算程序来实现模型计算过程,并用这一程序进行旅游人才需求的预测。

(一)灰色预测 GM(1,1)模型

灰色系统常用的预测模型是 GM(1,1)模型,GM(1,1)模型表示一阶的、单变量的线性动态预测模型,其预测原理是将离散的随机数,经过生成变成随机性被显著削弱的较有规律的生成数,在此基础上建立数学模型,建模步骤如下。

1. 历史数据的采集和累加序列的生成

设研究对象的历史数据为:

$$X^{(0)} = \{X^{(0)}(1), X^{(0)}(2), X^{(0)}(3) ... X^{(0)}(n)\}$$

一般情况下，对于给定的原始数据列不能直接用于建模，因为这些数据多为随机的、无规律的，为了减弱原始数据序列的波动性和随机性，需对原始序列进行数据处理，即通过累加生成方式将原始数据列转化为规律性较强的递增数列，累加的规则是：将原始序列的第一个数据作为生成列的第一个数据，将原始序列的第二个数据加到原始序列的第一个数据上，其和作为生成列的第二个数据，将原始序列的第三个数据加到生成列的第二个数据上，其和作为生成列的第三个数据，按此规则进行下去，便可得到生成列。

设累加后生成的序列为：

$$X^{(1)}=\{X^{(1)}(1), X^{(1)}(2), X^{(1)}(3) \cdots X^{(1)}(n)\}$$

$$X^{(m)}(k)=\sum_{i=1}^{k} X^{(m-1)}(i)$$

上标 1 表示一次累加，同理，可作 m 次累加：其中对于非负的数据列，累加的次数越多，则随机性弱化越明显，规律性越增强，这样就较容易用指数去逼近。经过这样的数据处理能达到两个目的：一是弱化了原始数据列的随机性，而找到了其变化的规律性；二是为建立动态模型提供了中间信息。

累减，就是将原始序列前后两个数据相减得到累减生成列。累减是累加的逆运算，累减可将累加生成列还原为非生成列，在建模中获得增量信息。

一次累减的公式为：

$$X^{(1)}(k) = X^{(0)}(k) - X^{(0)}(k-1)$$

2. 构建 GM（1，1）模型

在第 1 步中已经生成了 $X^{(0)}$ 和 $X^{(1)}$ 序列，则 GM（1，1）模型相应的微分方程为：

$$\frac{dX^{(1)}}{dt} + aX^{(1)} = \mu$$

其中：a 称为发展灰数；μ 称为内生控制灰数。

设 $\hat{\alpha}$ 待估参数向量，

$$\hat{\alpha} = \begin{pmatrix} a \\ \mu \end{pmatrix}$$

$$\alpha = (B^T B)^{-1} B^T Y_n$$

根据最小二乘法，有：

$$B = \begin{bmatrix} -\frac{1}{2}(X^{(1)}(1)+X^{(1)}(2)) & 1 \\ -\frac{1}{2}(X^{(1)}(2)+X^{(1)}(3)) & 1 \\ \vdots & \vdots \\ -\frac{1}{2}(X^{(1)}(n-1)+X^{(1)}(n)) & 1 \end{bmatrix}, Y_n = \begin{bmatrix} X^{(0)}(2) \\ X^{(0)}(3) \\ \vdots \\ X^{(0)}(n) \end{bmatrix}$$

求解微分方程，即可得预测模型：

$$\hat{X}^{(1)}(k+1) = \left[X^{(0)}(1) - \frac{\mu}{a}\right] e^{-ak} + \frac{\mu}{a} \quad k=0, 1, 2, \cdots, n$$

3. 误差检验

本课题采用后验差检验法评判模型的精度。后验差是对残差分布的统计特性进行精度检验，考察残差较小的点出现的概率，以及与残差方差有关的指标的大小，该检验法由后验差比值 C 和小误差概率 P 来共同描述。

设 $X^{(0)}$ 为原始序列，$\bar{X}^{(0)}$ 为相应的模拟序列，$\varepsilon^{(0)}$ 为残差序列，$\bar{X} = \frac{1}{n}\sum_{k=1}^{n} X^{0}(k)$ 和 $S_1^2 = \frac{1}{n}\sum_{k=1}^{n}(X^{0}(k)-\bar{X})^2$ 分别是 $X^{(0)}$ 的均值和方差，$\bar{\varepsilon} = \frac{1}{n}\sum_{k=1}^{n}\varepsilon(k)$ 和 $S_2^2 = \frac{1}{n}\sum_{k=1}^{n}(\varepsilon(k)-\bar{\varepsilon})^2$ 分别为残差的均值和方差，称 $C = \frac{S_2}{S_1}$ 为均方差比值，称 $p = P\{|\varepsilon(k)-\bar{\varepsilon}| < 0.6745 S_1\}$ 为小误差概率，均方差比值 C 越小越好，小误差概率 P 越大越好。

按照 C 和 P 两个指标，可以综合评判模型精度，各精度等级如表 4-1 所示。

表 4-1 后验差检验法精度等级表

模型精度等级	后验差比值 C	小误差概率 P
一级（好）	$C < 0.35$	$0.95 < P$
二级（合格）	$0.35 \leq C < 0.50$	$0.80 < P \leq 0.95$
三级（勉强合格）	$0.50 \leq C < 0.65$	$0.70 < P \leq 0.80$
四级（不合格）	$0.65 \leq C$	$P \leq 0.70$

（二）Elman 神经网络模型

本次预测，采用的第二种模型是 Elman 神经网络模型。Elman 神经网络适合处理时间序列问题，因此常常用于一维或多维信号的预测，下面以 2018 年星级酒店人才需求预测为例,来说明该模型的实现。

1. 样本设计

原始数据是连续 18 年的星级酒店从业人数(2000—2017 年),把这些数据作为训练样本,其中连续 5 年的从业人数作为训练输入,第 6 年的从业人数作为对应的期望输出。

2. 模型的实现与训练

MATLAB 神经网络工具箱为神经网络的使用者和研究者带来了巨大的便利,提高了工作效率。

使用 MATLAB 进行 Elman 神经网络模型编程时,可以使用工具箱提供的 newelm 或者 elmannet 函数进行创建,这里采用较新的 elmannet 函数,设置迭代次数为 2000 次,为了取得较好的效果,训练前对数据进行归一化处理,最后用同样的数据进行测试,并将训练好的网络保存,以备预测时使用。

图 4-2 为残差图,图 4-3 为真实值和测试的对比,从图中可以看出,网络训练效果较好,真实值与测试值相差很小,完全可以用于预测。

3. 应用训练好的模型进行预测

将 2000—2017 年的数据输入,使用训练好的模型进行仿真计算,可得 2018 年的星级酒店的就业人数。

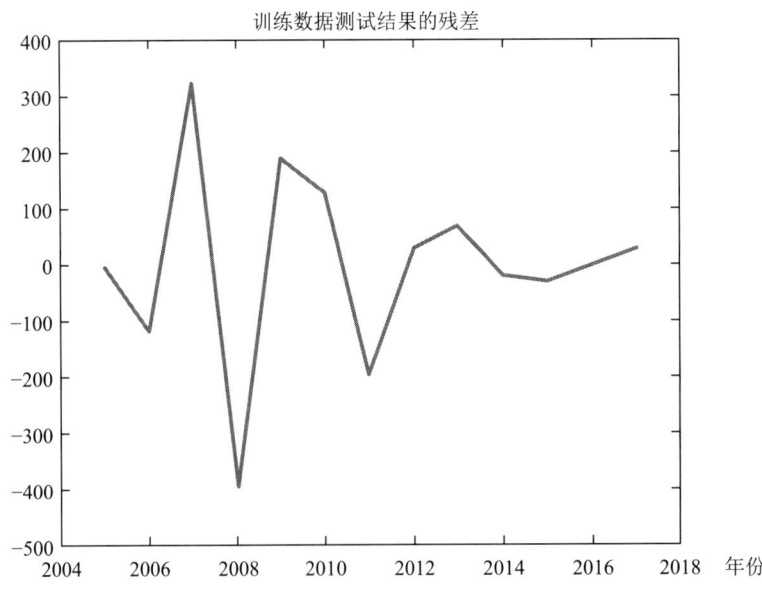

图 4-2　训练数据残差

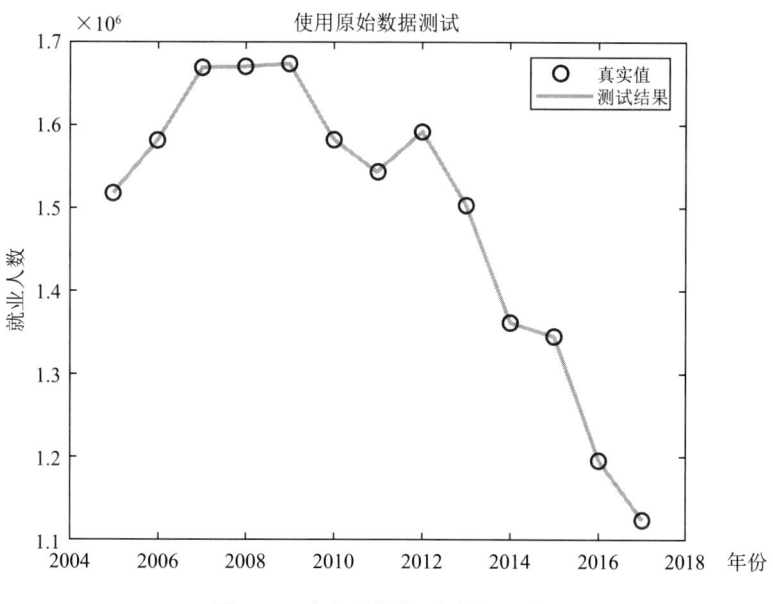

图 4-3 真实数据与测试结果对比

（三）ARMA 模型

本次预测采用的第三种模型是 ARMA 模型（Auto-Regressive and Moving Average Model），又称自回归滑动平均模型，是研究时间序列的重要方法。这种方法是研究平稳随机过程的典型方法，主要是在经济领域，比如预测 GDP 走势；也可以用来预测诸如某个量随时间变化这样的场景当中，显然该方法也适用于年度人才需求预测。

本次预测运用 ARMA 模型的主要步骤如下。

（1）使用 ARMA 模型要求时间序列必须是平稳的，所以第一步是对原始数据进行平稳性检验。检验方法有很多种，包括 ADF、KPSS、P-P 等。本次用的是 ADF 检验和 KPSS 检验。

（2）如果没有通过检验，则进行差分，若还是无法通过，就可以取二阶差分，再不行就三阶，直到样本变得平稳。

（3）确定 ARMA 模型阶数。模型阶数的确定方法主要包括两种：①利用自相关函数图与偏相关函数图法。②基于准则的确定法。其中第一种方法需要人工观察相关图形，作出判断。第二种方法可以通过程序自动计算出阶数。本次研究使用的是第二种方法。

完成以上三步，就可以利用模型进行预测了。考虑到实现 ARMA 模型相关的文献很多，限于篇幅，这里就不赘述了。

(四)数据来源与异常数据处理

1. 数据来源

为了保证数据的准确和权威,本次使用的人才需求数据的来源主要有5个:

① 2000年至2020年的《中国文化与旅游统计年鉴》(《中国旅游统计年鉴》)中关于星级酒店、旅行社、景区就业人数的相关数据;

② 2014年至2019年的全国旅游业直接从业人数数据,来源为中国旅游研究院发布的《中国旅游业统计公报》;

③ 课题组与南京奥派信息技术有限公司合作,从"51job""智联招聘""58同城""最佳东方"四大人才招聘网站上,通过网络爬虫技术抓取的旅游企业发布的招聘信息;

④ 国家统计局2011年至2013年全国就业人数数据(用于推算2011年至2013年的旅游直接就业人数);

⑤ 2004年至2020年国家统计局公布的住宿业从业人员数据。

2. 异常数据处理

2020年,受到疫情影响,旅游业从业人员数量有所下降,如表4-2所示,为星级酒店、旅行社和景区2018年至2020年的从业人数对比。

表4-2 2018—2020年星级酒店、旅行社、景区从业人数

单位:人

年份 企业类型	2018	2019	2020	2019年与2020年相差
星级酒店	1 025 435	1 061 600	756 800	28.7%
住宿业	1 780 363	1 819 634	1 666 224	8.4%
旅行社	411 384	415 941	322 497	22.5%
A级景区	1 344 759	1 620 170	1 559 400	3.8%

从表中可以看出,2020年,星级酒店就业人数比2019年减少了28.7%,旅行社也减少了22.5%,可以判定因为受到疫情影响,2020年的数据异常,不能真实地反映旅游业的长远的发展趋势,所以需要对2020年的星级酒店、住宿业和旅行社的数据进行适当预处理。最常用的异常数据预处理的方法就是剔除法,即剔除2020年的数据,但这种方法会破坏时间序列数据连续性,并且如果去除了2020年的数据,预测结果就会和上一年度的预测结果完全一样,失去了预测意义,所以本次采用还原法进行2020年

的数据预处理。还原法[①]，就是把数据处理成没有突变因素影响时本应表现出的数值，是一个估算值，本次还原法采用的是用异常数据前两期数据的算术平均值。

三、需求规模预测与分析

（一）旅游行业人才需求量预测与分析

2011年至2020年，全国旅游业直接从业人数，如表4-3所示。其中2014年和2019年的直接就业人数是原国家旅游局公布的统计数据，2011年至2013年的数据没有正式公布数据，因为需要预测2020年至2023年这4年的就业数据，按灰色系统的预测样本要求：中短期预测需要10个左右的样本较适合[②]，所以需要对2011年至2013年的数据进行比例法推算[③]，具体算法为：取距离缺失数据年份较近的2014年至2017年的4期数据进行分析，每年的旅游统计公报中旅游直接和间接就业人数占全国就业总人数的比例逐年增高，2014年为10.19%，2015年为10.2%，2016年为10.26%，2017年为10.28%，这四年平均年递增率为0.03%，按此比率推算，2011年至2013年的占比，分别为10.10%、10.13%、10.16%，而旅游直接就业人数占旅游直接和间接就业人数的比例各年份变化不大，一般为35%，设旅游直接就业人数为T，全国就业总人数为P，则根据上述分析，2011年的旅游直接就业人数为$T=P*0.101*0.35$，而每年的全国就业总人数P可以从国家统计局网站上查到，代入公式计算即可得到2011年旅游业直接就业人数。同法可得2012年和2013年的旅游直接就业人数。2020年的数据为预处理后的数据。

表4-3　2011—2020年旅游行业直接从业人数

单位：万人

年份	2011	2012	2013	2014	2015
就业人数	2701	2720	2737	2779.4	2798
年份	2016	2017	2018	2019	2020
就业人数	2813	2825	2826	2825	2825.5

由于旅游直接就业人数的历史数据较少，不适合用Elman神经网络模型和ARIAM模型进行预测，所以只能使用灰色系统GM（1,1）模型进行预测，利用软件计算后，得出预测相对误差如表4-4所示，实际值和预测值对比如图4-4所示；后验差比：$C=0.34$，小概率误差：$P=1$，预测精度为1级，模型预测效果好，因此可以应用灰色系

---

① 杨德平，刘喜华. 经济预测与决策技术及MATLAB实现[M]. 北京：机械工业出版社，2016：44.
② 王学萌，张继忠，王荣. 灰色系统分析及实用计算程序[M]. 武汉：华中科技大学出版社，2001：113.
③ 杨德平，刘喜华. 经济预测与决策技术及MATLAB实现[M]. 北京：机械工业出版社，2016：44.

统模型进行预测。令当年需求人数为 Y，前一年的需求人数为 PY，则当年新增工作岗位需高等院校培养的数量为：T=Y-PY，最终预测出 2021 年至 2024 年全国旅游人才总量需求，如表 4-5 所示，因为增加了 2020 年的新数据参加计算，所以最新预测结果与上一年度的对应年份的数据有变化。根据课题组预测，2024 年旅游业人才需求总量约为 2903 万人，其中新增岗位约为 14 万人。

表 4-4　实际就业人数与预测需求人数对比

单位：万人

年份	2011	2012	2013	2014	2015
实际就业人数	2701	2720	2737	2779.4	2798
预测需求人数	—	2741	2754	2767	2781
相对误差 %	—	0.77%	0.62%	-0.45%	-0.61%
年份	2016	2017	2018	2019	2020
实际就业人数	2813	2825	2826	2825	2825.5
预测需求人数	2794	2808	2821	2835	2848
相对误差 %	-0.68%	-0.60%	-0.18%	0.35%	0.80%
平均相对误差 %	0.56%				

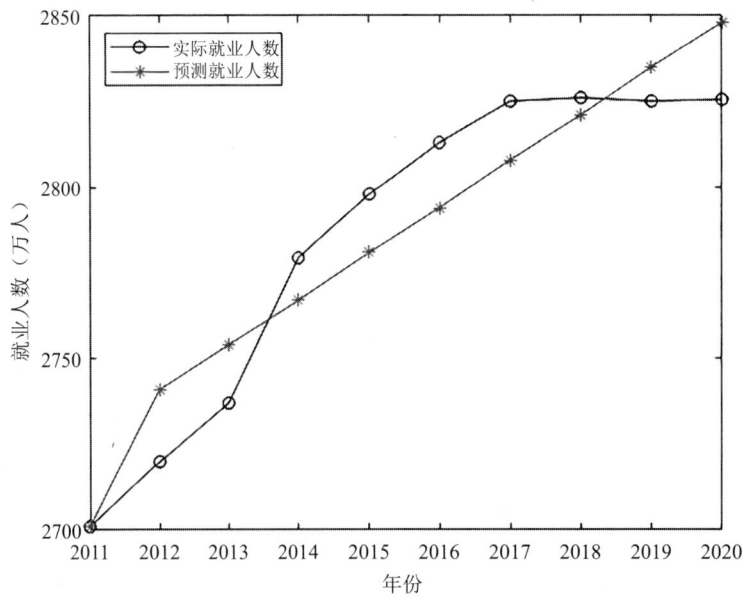

图 4-4　旅游直接从业人数实际数据与预测数据对比

第四章 旅游人才需求规模预测与分析

表 4-5　2021—2024 年旅游人才需求总量预测

年份	2021	2022	2023	2024
预测人才（万人）	2861	2875	2889	2903
新增工作岗位（万）	—	14	14	14

（二）酒店行业人才需求预测与分析

1. 灰色系统 GM（1,1）模型预测

2000 年到 2020 年，全国星级酒店实际从业人数如表 4-6 所示，其中 2020 年的数据为预处理后的数据。

表 4-6　2000—2020 年星级酒店从业人数统计

单位：人

年份	2000	2001	2002	2003	2004	2005
就业人数	1 124 896	1 052 054	1 216 076	1 350 600	1 446 104	1 517 070
年份	2006	2007	2008	2009	2010	2011
就业人数	1 580 403	1 668 095	1 669 179	1 672 602	1 580 963	1 542 751
年份	2012	2013	2014	2015	2016	2017
就业人数	1 590 590	1502 496	1 361 869	1 344 503	1 196 564	1 124 641
年份	2018	2019	2020			
就业人数	1 025 435	1 061 600	1 043 518			

本年度灰色系统预测，数据采用了 2015 年至 2020 年这 6 年的数据，原因是经过实验，采用这连续 6 年的数据，平均相对误差最少。预测误差如表 4-7 和图 4-5 所示；后验差比：$C=0.28$，小概率误差：$P=1$，预测精度为 1 级，模型预测效果好。

表 4-7　星级酒店就业人数与预测人数对比（灰色系统预测）

单位：人

年份	2015	2016	2017	2018	2019	2020
就业人数	1 344 503	1 196 564	1 124 641	1 025 435	1 061 600	1 043 518
预测人数	—	1 166 931	1 127 238	1 088 896	1 051 858	1 016 080

续表

年份	2015	2016	2017	2018	2019	2020
相对误差 %	—	2.48%	0.23%	6.19%	0.92%	2.63%
平均误差 %	2.49%					

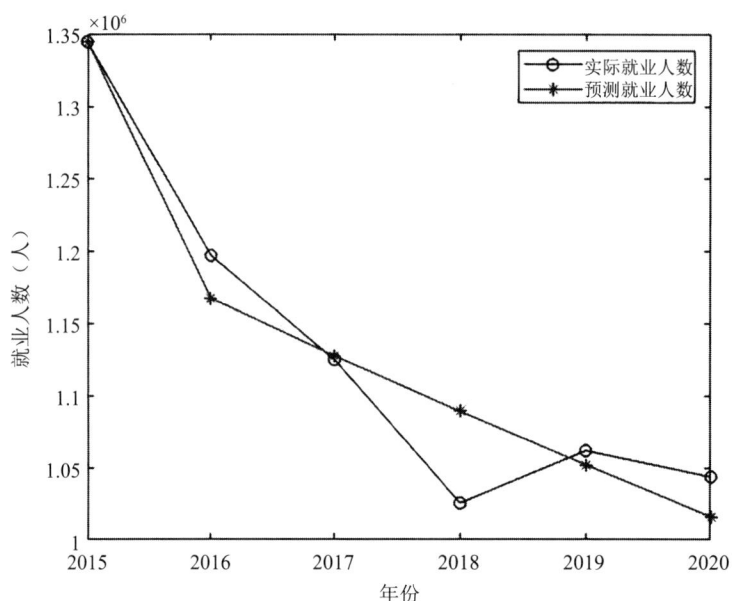

图 4-5　星级酒店从业人数实际数据与预测数据对比

预测 2021 年至 2024 年的星级酒店人才需求量如表 4-8 所示，因 2020 年的星级酒店的就业人数是经过预处理的（即取其后两期数据的算术平均值），与 2018 年相比，2020 年的就业人数也是增加的，这样一来，从 2018 年开始，形成了一个短期增长的趋势，故灰色系统模型预测的结果比上一年度的报告中相应年份的就业人数有所增加。

表 4-8　2021—2024 年星级酒店人才需求预测（灰色系统模型）

单位：人

年份	2021	2022	2023	2024
预测需求人数	981 519	948 133	915 883	884 730

2004 年到 2020 年，全国住宿业（为限额以上住宿单位，即：年主营业务收入 200 万元及以上）。从业人数如表 4-9 所示，其中 2020 年的数据为预处理后的数据。

表 4-9 2004—2020 年住宿业从业人数

单位：人

年份	2004	2005	2006	2007	2008	2009	2010
就业人数	1 282 173	1 529 270	1 622 802	1 744 142	1 998 667	2 000 484	2 108 179
年份	2011	2012	2013	2014	2015	2016	2017
就业人数	2 156 638	2 107 502	2 094 185	1 979 000	1 911 615	1 863 303	1 820 851
年份	2018	2019	2020				
就业人数	1 780 363	1 819 634	1 799 999				

经过实验，取 2014 至 2020 年的原始数据作为序列输入，拟合误差最小，预测误差如表 4-10 和图 4-6 所示；后验差比：$C=0.35$，小概率误差：$P=1$，预测精度为 1 级，模型预测效果好，所以可以应用灰色系统模型进行预测，预测 2021 年至 2024 年住宿业人才需求如表 4-11 所示，因为有 2020 年度新数据的代入，故与上年度相比，预测结果有变化，且变化较大，其原因与前述星级酒店的原因相似。

表 4-10 住宿业就业人数与预测人数对比（灰色系统预测）

单位：人

年份	2014	2015	2016	2017
就业人数	1 979 000	1 911 615	1 863 303	1 820 851
预测人数	—	1 885 622	1 864 089	1 842 801
相对误差 %	—	-1.36%	0.04%	1.21%
年份	2018	2019	2020	
就业人数	1 780 363	1 819 634	1 799 999	
预测人数	1 821 757	1 800 953	1 780 386	
相对误差 %	2.33%	-1.03%	-1.09%	
平均误差 %	1.16%			

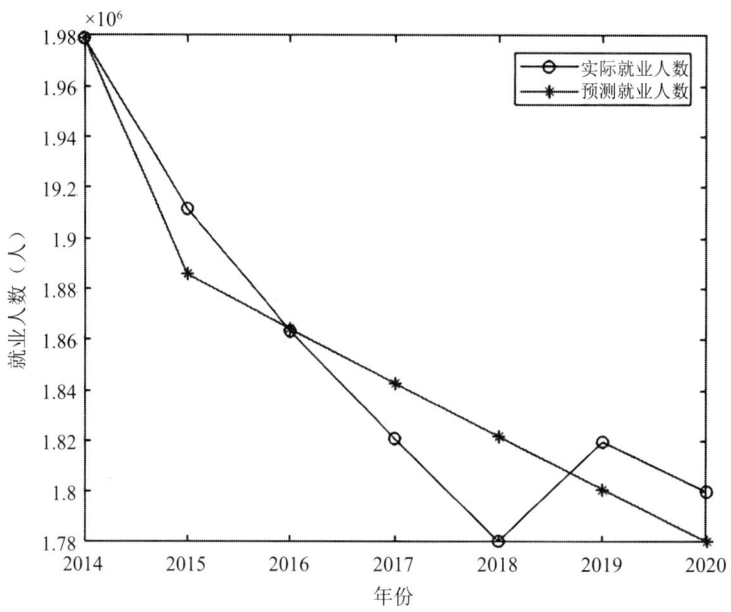

图 4-6 住宿业从业人数实际数据与预测数据对比（灰色系统模型）

表 4-11　2021—2024 年住宿业人才需求预测（灰色系统模型）

单位：人

年份	2021	2022	2023	2024
预测人才	1 760 055	1 739 955	1 720 085	1 700 442

2. Elman 神经网络模型预测

（1）星级酒店

把 2000 年至 2020 年的星级酒店从业人数作为原始数据，利用训练好的模型进行仿真预测，预测结果与实际值的比对如表 4-12 和图 4-7 所示，可见平均误差很小，真实值和预测差拟合得很好，预测 2021 年至 2024 年星级酒店从业人数如表 4-13 所示。

表 4-12　星级酒店就业人数与预测人数对比（Elman 神经网络预测）

单位：人

年份	2005	2006	2007	2008	2009	2010	2011	2012
就业人数	1 517 070	1 580 403	1 668 095	1 669 179	1 672 602	1 580 963	1 542 751	1 590 590
预测人数	1 515 861	1 584 915	1 656 349	1 687 258	1 659 501	1 581 462	1 548 086	1 587 561
相对误差	-0.08%	0.29%	-0.70%	1.08%	-0.78%	0.03%	0.35%	-0.19%

续表

年份	2013	2014	2015	2016	2017	2018	2019	2020
就业人数	1 502 496	1 361 869	1 344 503	1 196 564	1 124 641	1 025 435	1 061 600	1 043 518
预测人数	1 500 015	1 364 779	1 344 254	1 196 794	1 124 557	1 026 245	1 060 837	1 043 776
相对误差	−0.17%	0.21%	−0.02%	0.02%	−0.01%	0.08%	−0.07%	0.02%
平均误差	0.26%							

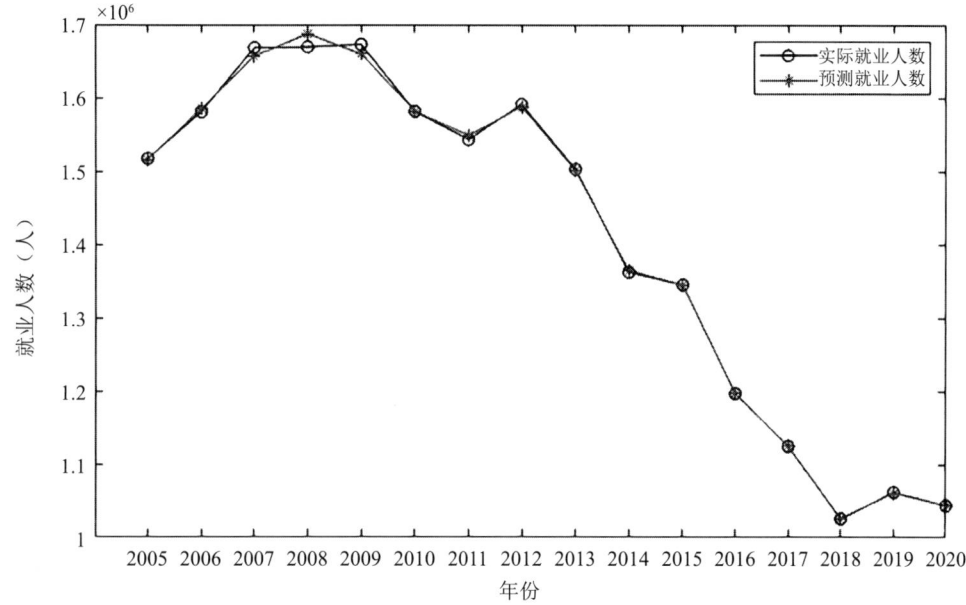

图 4-7　星级酒店从业人数实际数据与预测数据对比（Elman 神经网络预测）

表 4-13　2021—2024 年星级酒店人才需求预测（Elman 神经网络预测）

单位：人

年份	2021	2022	2023	2024
预测人才	1 007 945	946 239	956 130	999 739

（2）住宿业

住宿业因为数据量相对较少，为防止出现过度拟合，本次依然没有采用 Elman 神经网络进行预测。

3. ARMA 模型

（1）星级酒店

因为数据量比较少，所以取 2000 年至 2017 年这 18 年的数据作为建模用数据，

2018 至 2020 年这 3 年的数据作为预测测试用数据，经过程序运算，这 3 年的预测平均误差为 3.46%，预测 2021 年至 2024 年数据如表 4-14 所示。

表 4-14　2021—2024 年星级酒店人才需求预测（ARMA 模型）

单位：人

年份	2021	2022	2023	2024
预测人才	1 018 168	991 390	984 245	978 872

（2）住宿业

因为住宿业的历史样本较少，无法使用 MatLAB 提供的 armax 函数进行模型运算，所以住宿业没有使用 ARMA 进行预测。

4. 三种模型对比

三种模型各自的预测数据见表 4-15，从表中可以看出，对于星级酒店，三者的预测有一定的差别，但近两年的趋势一致，且差别在可以接受的范围；考虑到灰色系统模型和 ARMA 模型在各自预测星级酒店数据时误差就较大，而 Elman 神经网络模型预测星级酒店数据误差较小，这说明在星级酒店的预测上，Elman 神经网络模型优于其他两模型。这里采用三种模型的算术平均值作为预测结果，如表 4-15 所示。

表 4-15　2021—2024 年星级酒店人才需求预测（灰色系统、Elman、ARMA 对比）

单位：人

年份	2021	2022	2023	2024	拟合平均误差
灰色系统	981 519	948 133	915 883	884 730	2.49%
Elman 神经网络	1 007 945	946 239	956 130	999 739	0.26%
ARAM 模型	1 018 168	991 390	984 245	978 872	3.46%
平均值	1 002 544	961 921	952 086	931 801	—

从表 4-15 和表 4-11 的预测数据平均值来看，星级酒店和住宿业的就业人数逐年减少，没有提供新的工作岗位。（Elman 神经网络预测是每年稍有增加）

课题组在调研预测时注意到，一方面随着居民可支配收入的提高，消费市场对住宿业的细分化、特色化、品质化方面提出新要求，支持信息、绿色、时尚、品质等新型消费，养老酒店、亲子酒店、女性酒店、健康养生酒店、度假酒店、科技主题酒店等满足细分市场住宿需求的酒店成为行业创新机会[①]。此外，由于酒店企业的员工流

---

① 2020 酒店住宿行业市场供给现状分析，酒店住宿业的市场规模较大且仍在逐年增加［EB/OL］.［2020-08-18］. https://www.reportrc.com/article/20200818/11608.html.

失率高,一线人才供需缺口较大;另一方面,受疫情影响,出境游停滞,国内游谨慎,国内周边游成为人们出行休闲的首选,民宿作为周边游的重要载体,成为旅游板块中最具希望的亮点,但是据《民宿蓝皮书:中国民宿发展报告(2020—2021)》的调研显示,民宿业主普遍表示专业的民宿员工难招,需要专业的民宿人才一起助力民宿运营,59.35%的民宿业主或管家渴望从专业的外部支持中获得员工培训的帮助,有42.18%的民宿业主认为人才管理的问题是较大的挑战,人才问题位居民宿业主最担忧问题的第三位。①

可见,随着住宿业进入大住宿时代,业态丰富、定位清晰、结构健全的行业形态逐步成熟,住宿业的人才需求结构也发生了变化,传统的住宿业人才培养不能有效满足现代住宿业发展,新型的数字化、专业化、创新型、复合型的高素质住宿业人才比较匮乏。因此,院校应对接酒店业、民宿业、住宿业的市场需求变化,加快人才培养供给侧结构性改革,提高人才培养与产业需求的吻合度。

(三)旅行社行业人才需求预测与分析

1. 灰色系统模型

表4-16中的数据为2000年至2020年这21年间的全国旅行社的就业人数,其中2020年为预处理数据。选取2011年到2020年的数据,则后验差比:$C=0.329$,小概率误差:$P=1$,预测精度为1级,可以用于预测旅行社的人才需求。使用编制的程序计算后,相对误差如表4-17和图4-8所示。

表4-16 2000—2020年旅行社从业人数统计

单位:人

年份	2000	2001	2002	2003	2004	2005	2006
就业人数	164 336	192 408	229 147	249 802	246 219	248 919	285 917
年份	2007	2008	2009	2010	2011	2012	2013
就业人数	307 977	321 655	308 978	277 262	299 755	318 223	339 993
年份	2014	2015	2016	2017	2018	2019	2020
就业人数	341 312	334 033	346 219	358 873	411 384	415 941	413 663

---

① 过聚荣.民宿蓝皮书:中国民宿发展报告(2020~2021)[R].北京:社会科学文献出版社,2021.

表 4-17 旅行社实际就业人数与需求预测对比（灰色系统模型预测）

单位：人

年份	2011	2012	2013	2014	2015
就业人数	299 755	318 223	339 993	341 312	334 033
预测人数	—	314 184	325 679	337 594	349 946
相对误差 %	—	-1.27%	-4.21%	-1.09%	4.76%
年份	2016	2017	2018	2019	2020
就业人数	346 219	358 873	411 384	415 941	413 663
预测人数	362 749	376 021	389 779	404 040	418 822
相对误差 %	4.77%	4.78%	-5.25%	-2.86%	1.25%
平均误差 %	3.36%				

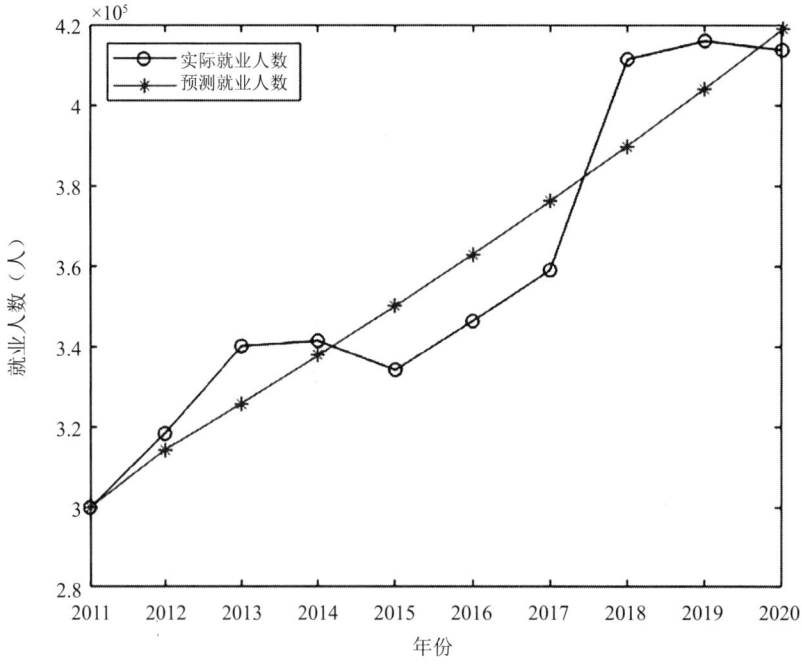

图 4-8 旅行社从业人数实际数据与预测数据对比（灰色系统模型预测）

全国旅行社 2021 年至 2024 年的人才需求量预测结果如表 4-18 所示。与上年度预测数据相比,因为有新的数据代入(为2020年的预处理数据),预测数据有了一些变化,但总体变化不大,这是因为2018年至2020年虽然和前面的星级酒店一样,也是一个短期增长的趋势,但旅行社的增长趋势没有星级酒店强烈,故本年度的预测数据与上年度相比,变化不大。

表4-18　2021—2024年旅行社人才需求预测(灰色系统模型预测)

单位:人

年份	2021	2022	2023	2024
预测人才数	434 146	450 030	466 495	483 563

2. Elman神经网络模型预测

将2000年至2019年20年的全部数据输入训练好的模型,利用模型进行迭代仿真计算,可得2005年至2023年的预测数据。其中2005年至2019年的预测误差如表4-19和图4-9所示。2021年到2024年的预测数据如表4-20所示。

表4-19　旅行社实际就业人数与需求预测对比(Elman神经网络模型预测)

单位:人

年份	2005	2006	2007	2008	2009	2010	2011	2012
就业人数	248 919	285 917	307 977	321 655	308 978	277 262	299 755	318 223
预测人数	249 088	285 511	308 216	321 726	308 720	277 583	299 841	318 169
相对误差	0.07%	-0.14%	0.08%	0.02%	-0.08%	0.12%	0.03%	-0.02%
年份	2013	2014	2015	2016	2017	2018	2019	2020
实际人数	339 993	341 312	334 033	346 219	358 873	411 384	415 941	413 663
预测人数	339 776	341 542	333 889	345 964	358 948	411 542	415 895	413 654
相对误差	-0.06%	0.07%	-0.04%	-0.07%	0.02%	0.04%	-0.01%	0.00%
平均误差	0.05%							

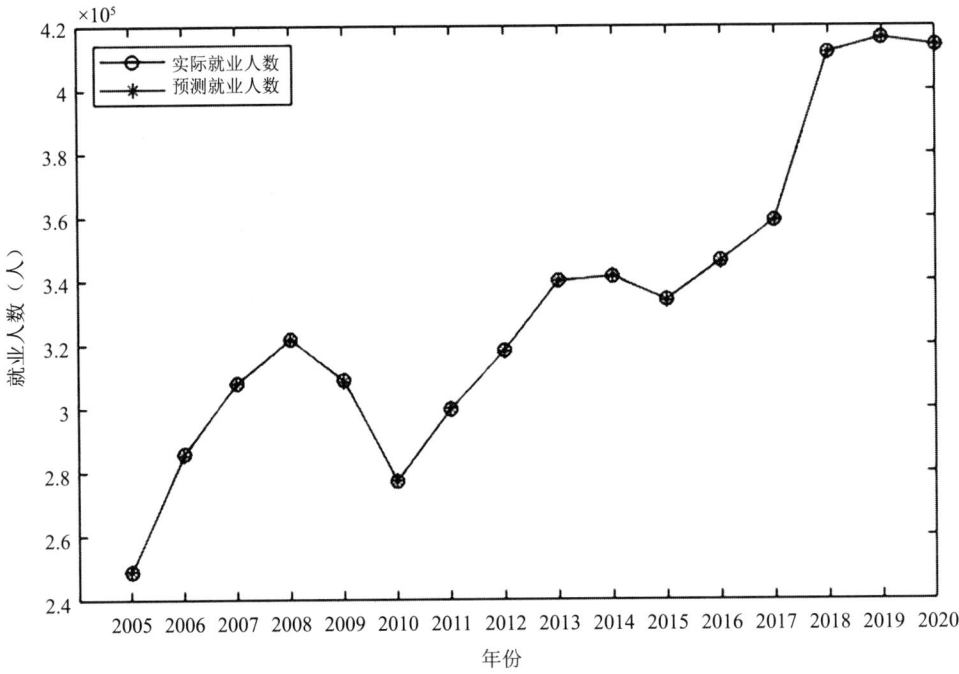

图 4-9 旅行社从业人数实际数据与预测数据对比（Elman 神经网络模型预测）

表 4-20 2021—2024 年旅行社人才需求预测（Elman 神经网络模型预测）

单位：人

年份	2021	2022	2023	2024
预测人才数	426 821	429 623	473 273	465 129

3. ARAM 模型

取 2000 年至 2017 年这 18 年的数据作为建模用数据，2018 年至 2020 年这 3 年的数据作为预测测试用数据，经过程序运算，这 3 年的预测平均误差为 13.2%，预测 2021 年至 2024 年数据如表 4-21 所示。

表 4-21 2021—2024 年旅行社人才需求预测（ARMA 模型）

单位：人

年份	2021	2022	2023	2024
预测人才数	406 140	399 971	404 717	412 943

4. 三种模型对比

三种模型的预测结果对比如表 4-22 所示，三者预测的总体趋势一致，但预测误差较大，灰色系统模型平均误差为 3.36%；Elman 神经网络，平均误差为 0.09%，ARMA 模型平均误差为 13.2%，可以看出，ARAM 模型误差较大，不太适合本年度的旅行社人才预测，灰色系统和 Elman 神经网络两者的预测有一定的差别，所以取两者的平均值作为 2021 年至 2024 年旅行社人才需求的预测结果，如表 4-23 所示。

表 4-22　2021—2024 年旅行社人才需求预测（灰色系统、Elman 和 ARMA）

单位：人

年份	2021	2022	2023	2024	拟合误差
灰色系统	434 146	450 030	466 495	483 563	3.36%
Elman 神经网络	426 821	429 623	473 273	465 129	0.05%
ARMA 模型	406 140	399 971	404 717	412 943	13.2%

表 4-23　2021—2024 年旅行社人才需求预测

年份	2021	2022	2023	2024
预测人才数（人）	426 821	429 623	473 273	465 129
新增旅行社岗位数（个）	—	9343	30 057	4462

根据预测，2024 年旅行社岗位需求为 465 129 个，新增岗位为 4462 个。

（四）导游及领队职业院校人才需求预测与分析

导游及领队的近年来的具体就业数据，《中国旅游统计年鉴》中没有提供，课题组只能利用间接数据进行估算。历年来，导游及领队岗位约占总旅游类招聘信息的 5% 左右。排除疫情影响，据此估计，导游及领队大约占旅游总人才需求的 5% 左右，再根据表 4-5，估算后，可以得出 2021 年至 2024 年导游及领队的人才需求量，如表 4-24 所示。

表 4-24　2021—2024 年导游及领队人才需求预测

年份	2021	2022	2023	2024
预测人才数（人）	1 430 500	1 437 500	1 444 500	1 451 500
新增工作岗位（个）	—	7000	7000	7000

预测结果显示：2024 年导游和领队的人才需求为 1 451 500 人，新增岗位为 7000 人。

(五)景点景区职业院校人才需求预测与分析

2014 年至 2020 年景区的就业人数如表 4-25 所示,没有采用 2014 年之前数据是因为,2014 年之后的年份,每年景区的就业人数比前各年份多出了很多(2013 年为 237 961 人,2014 年为 1 215 384 人,2015 年为 1 229 239 人,2016 年为 1 287 706 人,2017 年为 1 300 945 人,2018 年为 134 479 人),推测 2014 年之后和 2014 年之前的景区就业人数的统计口径可能不一致,所以,课题组基于 2014 年至 2020 年连续 7 年的数据进行预测,数据样本较少,Elman 神经网络模型和 ARMA 模型不适用,经使用灰色系统模型进行计算,发现 2019 年数据异常,无法通过灰色系统模型验证,经过观察,发现 2019 年数据(1 620 170 人)比 2018 年(1 344 759 人)高出了近 20%,属于异常数据,经过还原法(取其前后两期数据的平均值)估算,得出 2019 年的估算值(1 452 079 人),再次使用灰色系统模型进行预测,得出如表 4-26 所示的实际就业人数和预测人数的对比,可以发现,误差不大,后验差比:$C=0.27$,小概率误差:$P=1$,预测精度为 1 级,说明经过异常点处理后可以应用灰色系统模型预测景区的人才需求。经过软件计算,得出如表 4-27 所示的景区人才需求预测。

表 4-25　2014—2020 年 A 级景区就业人数

年份	2014	2015	2016	2017	2018	2019	2020
就业人数(人)	1 215 384	1 229 238	1 287 706	1 300 945	1 344 759	1 452 079	1 559 400

表 4-26　实际就业人数和预测人数对比

年份	2014	2015	2016	2017	2018	2019	2020
实际就业人数(人)	1 215 384	1 229 238	1 287 706	1 300 945	1 344 759	1 452 079	1 559 400
预测人才需求数(人)	—	1 208 197	1 265 881	1 326 318	1 389 641	1 455 987	1 525 500
误差	—	-1.71%	-1.69%	1.95%	3.34%	0.27%	-2.17%
平均误差	1.86%						

表 4-27　2021—2024 年 A 级景区人才需求预测

年份	2021	2022	2023	2024
预测人才数(人)	1 598 333	1 674 642	1 754 595	1 926 135
新增景区岗位(个)	—	76 309	79 953	171 540

预测结果显示：2024年景区岗位需求为1 926 135个，预测新增岗位为171 540个。

（六）旅游新业态人才需求预测与分析

课题组调研发现，相比2020年，2021年房车旅游、民宿旅游、度假旅游、会展旅游、邮轮旅游等五种新业态的招聘信息均大幅下降（如表4-28所示）。但房车旅游和民宿旅游恢复较快，分别达到2019年的9.2%和12.2%，《"十四五"旅游业发展规划》中共4次出现了"民宿"关键字，要"推进乡村民宿高质量发展"，同时也提出，"推进自驾车旅居车旅游，实施自驾游推进计划，形成网络化的营地服务体系和比较完整的自驾车旅居车旅游产业链，推出一批自驾车旅居车营地和旅游驿站。"本次预测，课题组以民宿为例，预测该业态的人才需求。

表4-28　2019—2021年全年四大招聘网站旅游新业态招聘信息统计表

单位：个

年份	房车旅游	民宿旅游	度假旅游	会展旅游	邮轮旅游
2019	1722	8435	16 879	18 552	5621
2020	439	2845	1985	1699	1032
2021	158	1031	108	89	30

表4-29为2014年至2020年民宿的数量，根据表4-29绘制折线图，如图4-10所示。因为2017年及之后的民宿数量爆发式增长，故灰色系统理论已经不适合此序列的预测。但从数据上可以看出，民宿业的发展很快，数量依然还是保持在高位，亟须专业人才。

表4-29　2014—2020年民宿数量[①]

单位：家

年份	2014	2015	2016	2017	2018	2019	2020
民宿数量	30 200	42 658	50 200	200 000	210 000	169 800	380 000

---

① 2014—2016年的数据为中商产业研究院的数据，2017年的数据为中国旅游协会民宿客栈与精品酒店分会发布的《2017年民宿产业发展研究报告》，2018年的数据出自《2018中国民宿产业发展研究报告》，2019年的数据来自社会科学文献出版社出版的《中国旅游民宿发展报告（2019）》，2020年的数据来自智研咨询的《2021—2027年中国民宿行业供需态势分析及竞争格局预测报告》。

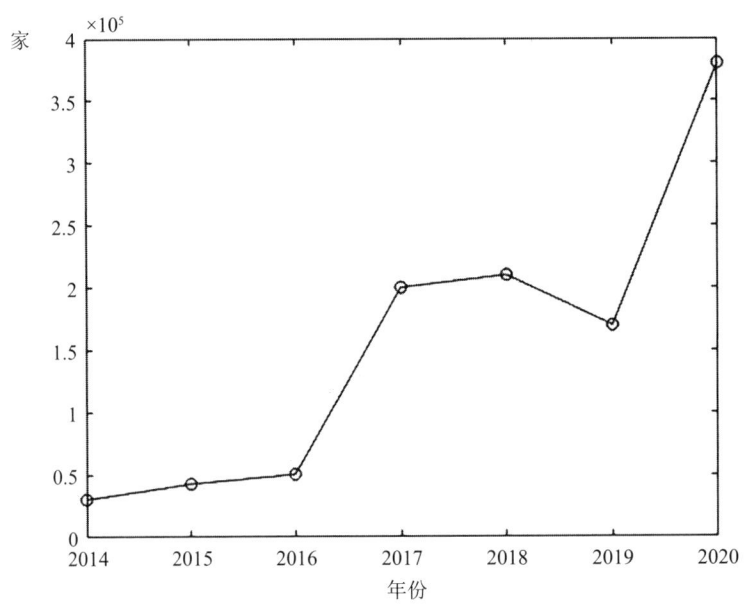

图 4-10 2014—2020 年民宿数量变化

可见，随着文旅融合发展，互联网技术、人工智能技术等在旅游产业的深入运用，旅游企业更趋向于需要综合素质好、兼具跨界知识与技能的人才，这对旅游人才培养提出了新的要求。

四、小结

为了科学预测职业院校旅游人才需求规模，为高校院校旅游类专业设置、招生计划制订、人才培养等提供依据，本章除继续使用 MATLAB 编程实现了 GM（1，1）模型、Elman 神经网络模型外，新增了 ARMA 模型的预测程序，并利用历年的《中国旅游统计年鉴》《中国统计年鉴》《中国旅游业发展公报》等官方数据以及网络抓取数据，对 2021 年至 2024 年的旅游人才总量需求，以及酒店、旅行社、导游及领队、景区的旅游人才需求规模进行了科学预测分析。

预测结果显示，总体来看，旅游业人才供需结构性矛盾依旧十分突出。星级酒店和住宿业（限额以上住宿）人才需求逐年下降，民宿业需求增长较快；旅行社人才需求呈现小幅震荡增长趋势；2024 年景区人才需求量相比 2022 年人才需求量增长 15%。我国《"十四五"旅游业发展规划》中明确提出："推进旅游与科技、教育、交通、体育、工业、农业、林草、卫生健康、中医药等领域相加相融、协同发展，延伸产业链、创造新价值、催生新业态，形成多产业融合发展新局面。"因此，可以预见，随着旅游产业转型升级，旅游领域数字化、网络化、智能化不断深入推进，以及"旅游+"和"+旅游"产业融合发展局面的形成，新型的数字化、专业化、人文化、创新型、复合型的高素质旅游人才将成为旅游产业高质量发展的重要支撑，也为院校人才培养的供给侧结构性改革提出了新要求。

第五章　旅游类人才岗位需求预测与质量要求分析

本章主要利用网络爬虫技术抓取招聘信息，采用文本挖掘技术、Delphi法以及鱼骨分析等方法，构建了旅游人才质量词典。利用文本频率分析法对旅行社、酒店、景区三类旅游企业岗位群的人才需求质量进行分析，旨在为高校旅游类专业的人才培养提供理论依据和支撑。

一、旅游类人才岗位需求的质量分析框架

为了科学分析旅游企业岗位（群）需要的人才质量，课题组设计了旅游类人才岗位需求的质量分析框架体系，如图5-1所示。该框架体系主要包括数据采集、数据处理、数据分析、结果呈现四个模块。

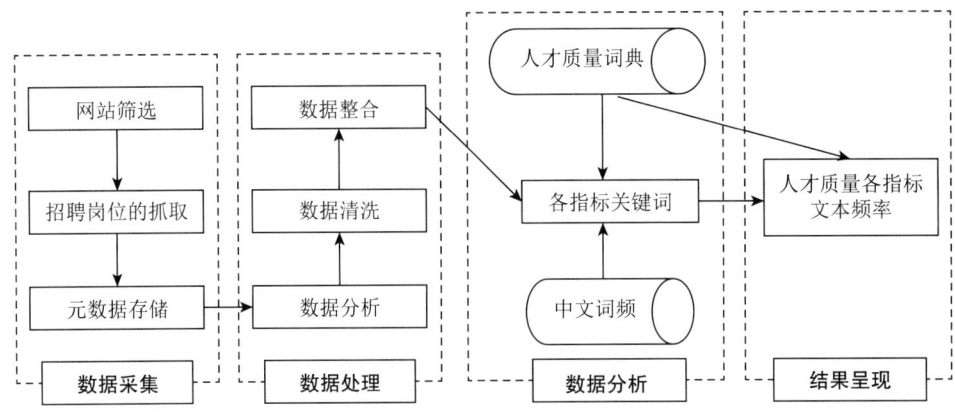

图5-1　旅游类人才岗位需求的质量分析框架

（一）数据采集模块

为了保证数据的准确性和权威性，课题组通过从"51job""智联招聘""58同城""最佳东方"等四个主流招聘平台，利用网络爬虫技术将旅游类企业的主要岗位作为关键词确定数据抓取范围，采集2021年1月至12月全年的旅游企业发布的招聘信息，形成元数据并存储。

（二）数据处理模块

该模块的核心是文本挖掘，首先对抓取的文本内容进行清洗和规范，然后使用中文分词技术，筛选出有分析价值的关键词，最后将处理过的关键词进行整合，作为可供正式分析的对象。

（三）数据分析模块

将筛选出来的关键词运用词频分析法、Delphi法以及鱼骨分析等方法实现了旅游人才质量词典的构建，为旅游人才质量分析提供基础。

（四）结果呈现模块

结果呈现阶段是应用挖掘结果解决现实问题的过程，该模块的主要功能是展示文本数据，发布分析结论。本课题将处理模块获得的数据根据旅游人才质量词典的类目，通过文本频率统计方法分析旅行社、酒店、景区三类旅游企业岗位群的人才需求质量要求。

二、旅游人才质量词典指标体系的构建

（一）旅游类企业的主要岗位覆盖

为了便于数据采集，课题组通过网络调研、企业调研以及抓取的招聘信息对旅游类企业的主要工作岗位群重新进行了梳理，具体覆盖岗位如图5-2所示。

（二）旅游人才质量词典类目的构建

1. 企业招聘信息中高频关键词的词频分析

本课题将抓取的招聘信息清洗后，利用中文分词技术加文本频次筛选出有效关键词300个。为了全面描述企业对旅游人才质量的要求，本课题采用"词频、词量、累积词频占比法"确定中高频关键词。

图5-3是词频和累积词频占比随词量变化情况，x轴代表词量，可以看出随词量的增加，词频不断降低，累积词频占比不断升高，虚线右侧为低频区；图5-4是词频和词量随累积词频占比变化情况，x轴代表累积词频占比，可以看出随累积词频占比的增加，词频不断降低，词量不断升高，虚线右侧为低频区。结合图5-3和图5-4进行综合判断，选取频次≥700的关键词作为中高频关键词，其总频次占全部关键词总频次的88%，共确定出来60个中高频的关键词（见表5-1）。

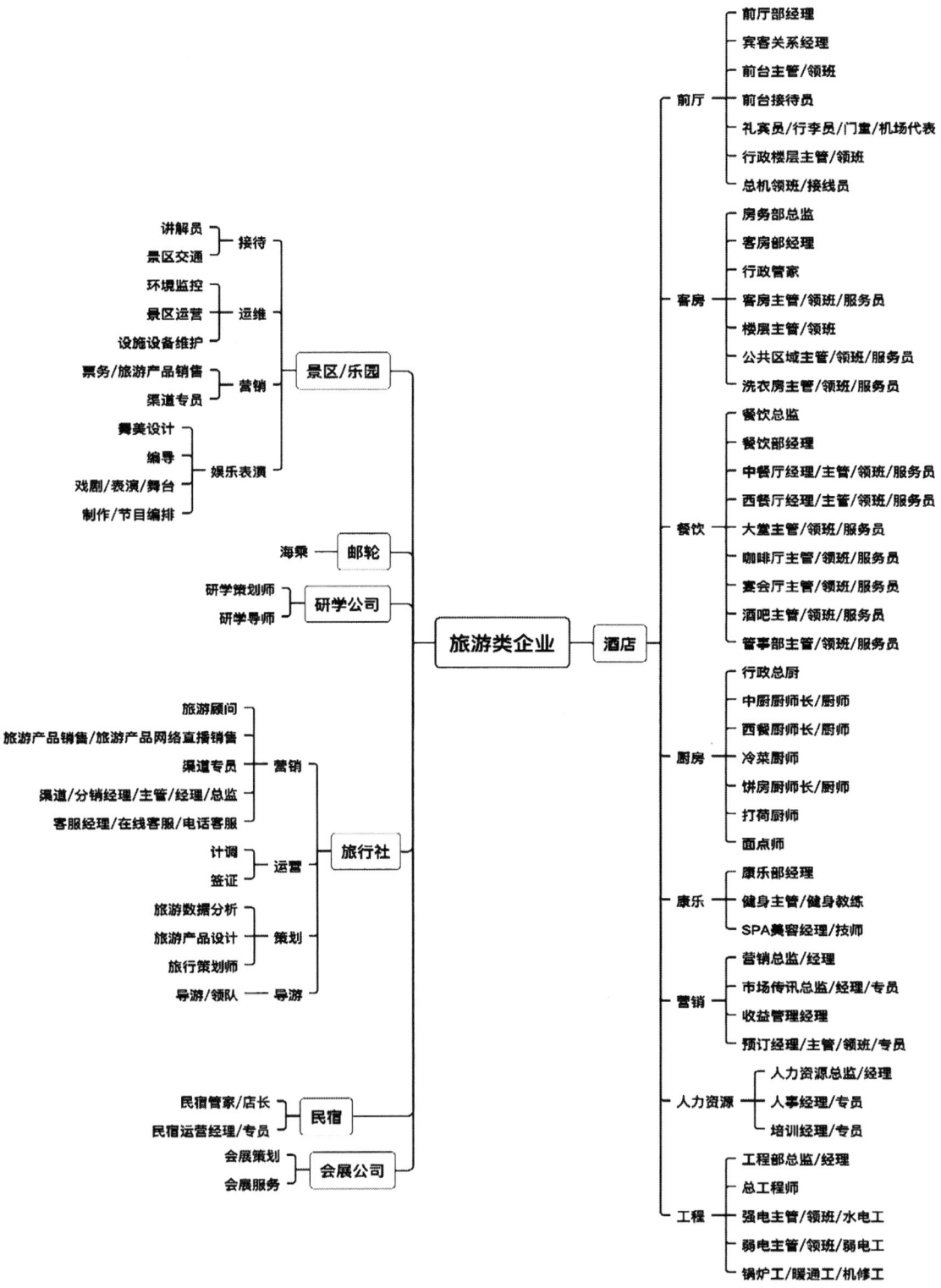

图 5-2　旅游类企业的主要岗位覆盖图

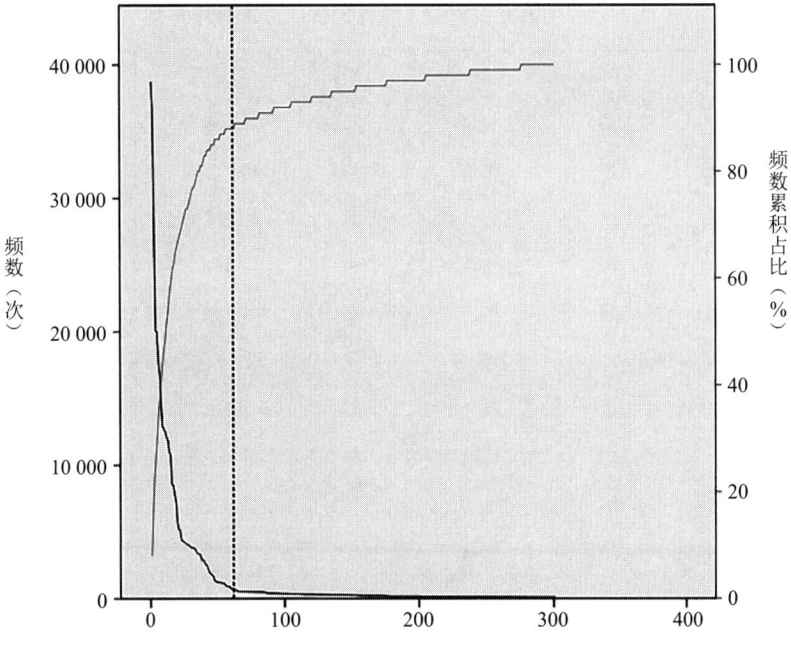

图 5-3　词频和累积词频占比随词量变化情况

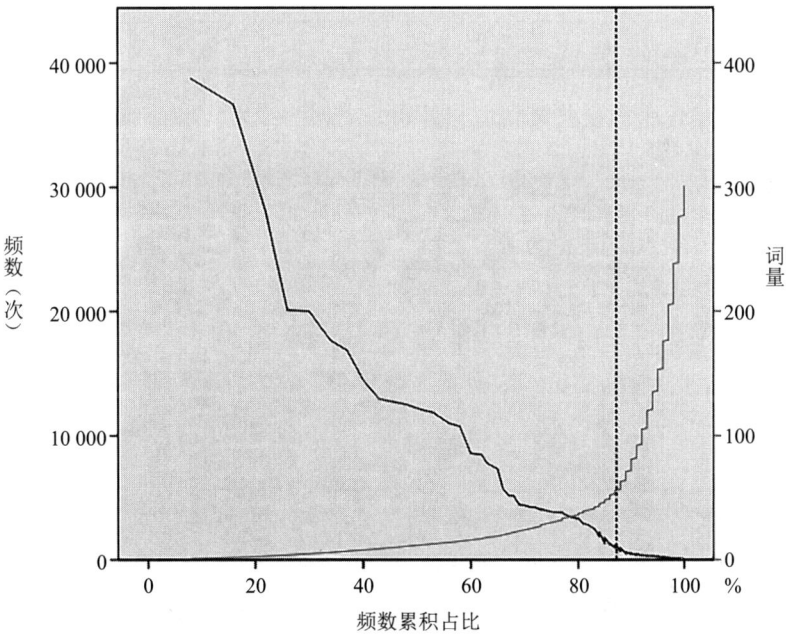

图 5-4　词频和词量随累积词频占比变化情况

表 5-1　中高频关键词（按照出现的频次降序排列）

序号	关键词	序号	关键词	序号	关键词	序号	关键词
1	销售	16	礼仪	31	管理能力	46	创意
2	身体健康	17	渠道	32	专业知识	47	组织能力
3	团队	18	认真负责	33	思维敏捷	48	语言表达
4	协作	19	办公软件	34	策划	49	应变
5	服务意识	20	推广	35	直播	50	尊重
6	学习	21	形象好	36	敬业精神	51	诚实守信
7	沟通能力	22	设计	37	证书	52	人际交往
8	合作	23	创新	38	客户关系	53	服务技巧
9	咨询	24	执行力	39	工作热情	54	写作
10	气质佳	25	数据	40	理解	55	报价
11	技能	26	踏实肯干	41	积极向上	56	观察
12	亲和力	27	抗压能力	42	总结	57	勇于挑战
13	协调	28	结算	43	谈判	58	日语
14	运营	29	英语	44	定制	59	领悟
15	性格开朗	30	线上	45	开拓	60	责任心

2. 企业招聘信息中高频关键词的词云图（见图 5-5）

图 5-5　企业招聘信息中高频关键词的词云图

3. 旅游人才质量词典初始指标的构建

课题组根据多次调研、文献分析和参考《基于职业教育视角的中国旅游人才供给与需求的研究报告（2020 年度）》，将确定的 60 个中高频关键词归类为 14 个二级指标，并分别总结为：团队协作能力、营销能力、身体素质、专业知识与技能、服务意识、终身学习能力、管理组织能力、人际交往与沟通能力、心理素质、职业道德与责任感、创新能力、信息技术应用能力、财务知识与应用能力、外语应用能力；同时根据 14 个二级指标的特点归纳为：职业素质和知识与能力两个一级指标，如表 5-2 所示。

表 5-2　旅游人才质量词典初始指标体系

一级指标	二级指标	指标属性（关键词）
A 职业素质	A_1 职业道德与责任感	A_{11} 认真负责、A_{12} 踏实肯干、A_{13} 敬业精神、A_{14} 工作热情、A_{15} 诚实守信、A_{16} 责任心
	A_2 身体素质	A_{21} 身体健康、A_{22} 气质佳、A_{23} 形象好
	A_3 团队协作能力	A_{31} 团队、A_{32} 协作、A_{33} 合作
	A_4 创新能力	A_{41} 设计、A_{42} 创新、A_{43} 定制、A_{44} 创意
	A_5 服务意识	A_{51} 服务意识、A_{52} 亲和力、A_{53} 尊重
	A_6 终身学习能力	A_{61} 学习、A_{62} 思维敏捷、A_{63} 理解、A_{64} 总结、A_{65} 领悟、A_{66} 观察
	A_7 人际交往与沟通能力	A_{71} 沟通能力、A_{72} 语言表达、A_{73} 人际交往
	A_8 心理素质	A_{81} 性格开朗、A_{82} 抗压能力、A_{83} 积极向上、A_{84} 勇于挑战
B 知识与能力	B_1 专业知识与技能	B_{11} 咨询、B_{12} 技能、B_{13} 礼仪、B_{14} 专业知识、B_{15} 证书、B_{16} 谈判、B_{17} 服务技巧、B_{18} 写作
	B_2 管理组织能力	B_{21} 协调、B_{22} 执行力、B_{23} 管理能力、B_{24} 组织能力、B_{25} 应变
	B_3 营销能力	B_{31} 销售、B_{32} 运营、B_{33} 渠道、B_{34} 推广、B_{35} 策划、B_{36} 客户关系、B_{37} 开拓
	B_4 信息技术与应用能力	B_{41} 办公软件、B_{42} 数据、B_{43} 线上、B_{44} 直播
	B_5 财务知识与应用能力	B_{51} 结算、B_{52} 报价
	B_6 外语应用能力	B_{61} 英语、B_{62} 日语

4. 旅游人才质量词典指标筛选的方法与流程

德尔菲法（Delphi）作为一种主观、定性的方法，不仅可以用于预测领域，而且可以广泛应用于具体指标筛选和评价指标体系的建立过程。它对大量非技术性的无法定量分析的要素做出概率估算，在决策者心目中享有很高的可信度，是系统工程中一种很重要的测定方法。

为了保证指标归类的科学性，选取长期深耕旅游行业的专家采用 Delphi 法对表 5-3 的指标归类进行检验。步骤如下：

步骤 1：组织专家进行打分，按照"不吻合、较吻合、一般吻合、吻合、非常吻合"，对应分数依次为 1~5 的数字，统计回收数据。以指标等级值的平均值小于 3，或者变异系数大于 0.3 作为指标排除标准，同时结合专家意见决定指标是否进行最终排除。

步骤 2：计算变异系数和协调系数。

①变异系数

变异系数表示评价分值波动大小的重要指标。v_j 的值越小代表所有打分专家对关键词 j 的协调程度越高，计算公式为：

$$v_j = \frac{S_j}{\bar{C}_j}$$

式中 $\bar{C}_j$ 代表所有打分专家对第 j 个指标评分的均值，S_j 为相应的标准差，计算公式分别为：

$$\bar{C}_j = \frac{\sum_{i=1}^{n} c_{ij}}{n}$$

$$S_j = \sqrt{\frac{1}{n-1} \sum_{i=1}^{n}(c_{ij} - \bar{c}_j)^2}$$

式中，c_{ij} 表示第 i 个专家对第 j 个指标的评分，n 表示参与第 j 个指标评分的专家总数。

②专家意见协调系数

协调系数 w 的值在 [0,1] 之间，w 值越大，表示所有专家对全部指标的协调性越好，计算公式为：

$$w = \frac{12S}{n^2(N^3 - N) - n\sum_{i=1}^{n} T_i}$$

其中 $S = \sum_{j=1}^{N} d_j^2 = \sum_{j=1}^{N}(R_j - \bar{R})^2$，$T_i = \sum_{l=0}^{L}(t_l^3 - t_l)$，$R_j = \sum_{i=1}^{n} R_{ij}$，$\bar{R} = \frac{1}{N}\sum_{j=1}^{N} R_j$，$n$ 为参与第 i 个指标评分的专家总数，N 为参加评分的指标的个数；R_j 为第 j 个指标等级和 $\bar{R}$ 为全部指标等级和的算数平均值，R_{ij} 为专家 i 对指标 j 的评价等级；T_i 为相同等级的指标，L 为专家对各指标的评价中具有相同等级组数，t_l 为 l 组中包括的相同等级数。

步骤 3：协调程度的一致性检验，保证专家评价意见的一致性。

当打分专家人数为 $3 \leqslant n \leqslant 20$ 时，被评指标个数为 $3 \leqslant N \leqslant 7$ 时，可查《肯德尔和谐系数（w）显著性临界值表》，检验 w 是否达到显著性水平。当被评指标个数 $N > 7$ 时，协调程度的显著性检验需利用皮尔逊准则进行，该检验可应用 SPSS 软件计算。

5. 旅游人才质量词典的构建

选取旅游学者、景区管理者、旅游政府部门负责人等 10 位行业专家采用 Delphi 法对表 5-3 的指标归类的吻合度进行打分，关键词与二级指标的吻合度打分统计检验结果见表 5-3，二级指标与一级指标的吻合度打分统计检验结果见表 5-4。

由表 5-3 可以看出，专家的协调系数为 0.839，专家对全部指标已经有很高的协调性，但是有三项变异系数 $v_j > 0.3$，说明不同专家对线上、直播、数据这三个关键词归类于信息技术与应用能力的评价尚存在较大差异，经过专家们讨论以及分析招聘信息，认为："线上"这个关键词不代表企业对招聘人才某方面素质的要求，须删除；"直播"这个关键词代表的主要是直播软件的操作应用，该关键词仍然保留在信息技术与应用能力这个指标里；"数据"这个关键词在招聘信息中主要代表的是分析数据的能力，将该指标归类为专业知识与技能，最终形成旅游人才质量词典的二级指标体系，详见鱼骨图 5-6。

由表 5-4 可以看出，专家的协调系数为 0.863，专家对全部指标已经有很高的协调性，但是有一项变异系数 $v_j > 0.3$，说明不同专家对身体素质这个指标归类于职业素质的评价尚存在较大差异，经过专家们讨论以及分析招聘信息，认为：近年来因为疫情的影响，企业都非常重视员工的身体素质，也是招聘新员工的必备的条件之一，因此保留该指标且仍归类于职业素质，旅游人才质量词典构建完成，详见表 5-5。

表 5-3 旅游人才质量词典关键词与二级指标吻合度分析表

关键词	$\bar{C}_j$	v_j	关键词	$\bar{C}_j$	v_j
A_{11}	4.8	0.09	A_{83}	3.9	0.25
A_{12}	4.6	0.15	A_{84}	4.2	0.10
A_{13}	4.9	0.06	B_{11}	4.5	0.16
A_{14}	4.4	0.19	B_{12}	4.8	0.09
A_{15}	4.8	0.09	B_{13}	4.	0.12
A_{16}	4.9	0.06	B_{14}	4.8	0.09
A_{21}	4.9	0.06	B_{15}	4.9	0.06
A_{22}	3.8	0.24	B_{16}	4.5	0.16
A_{23}	3.5	0.15	B_{17}	4.7	0.10
A_{31}	4.9	0.06	B_{18}	4.8	0.09
A_{32}	4.9	0.06	B_{21}	4.6	0.11
A_{33}	4.9	0.06	B_{22}	3.9	0.25
A_{41}	4.9	0.06	B_{23}	4.8	0.09
A_{42}	4.9	0.06	B_{24}	4.6	0.15
A_{43}	4.6	0.11	B_{25}	4.5	0.12

续表

关键词	$\bar{C}_j$	v_j	关键词	$\bar{C}_j$	v_j
A_{44}	4.7	0.10	B_{31}	4.9	0.06
A_{51}	4.9	0.06	B_{32}	4.6	0.15
A_{52}	4.3	0.16	B_{33}	4.4	0.24
A_{53}	4.3	0.11	B_{34}	4.5	0.16
A_{61}	4.8	0.09	B_{35}	4.9	0.06
A_{62}	4.9	0.06	B_{36}	4.6	0.15
A_{63}	4.5	0.16	B_{37}	4.8	0.09
A_{64}	4.5	0.12	B_{41}	4.9	0.06
A_{65}	4.1	0.08	B_{42}	2.7	0.58
A_{66}	4.7	0.10	B_{43}	2.4	0.45
A_{71}	4.8	0.09	B_{44}	2.2	0.56
A_{72}	4.7	0.10	B_{51}	4.9	0.06
A_{73}	4.0	0.09	B_{52}	4.9	0.06
A_{81}	4	0.12	B_{61}	4.8	0.09
A_{82}	4.9	0.06	B_{62}	4.7	0.10
专家意见的协调系数			w=0.839		
显著性检验			χ^2=220.234 p=0.02＜0.05		

表 5-4　旅游人才质量词典二级指标与一级指标吻合度分析表

二级指标	$\bar{C}_j$	v_j	二级指标	$\bar{C}_j$	v_j
A_1	4.6	0.11	A_8	4.2	0.29
A_2	3.3	0.41	B_1	4.7	0.10
A_3	4.3	0.22	B_2	3.8	0.27
A_4	3.8	0.24	B_3	4.2	0.22
A_5	4.6	0.11	B_4	4.5	0.12
A_6	4	0.20	B_5	4.7	0.10
A_7	3.9	0.25	B_6	4.9	0.06
专家意见的协调系数			w=0.863		
显著性检验			χ^2=47.682 p=0.01＜0.05		

第五章 旅游类人才岗位需求预测与质量要求分析

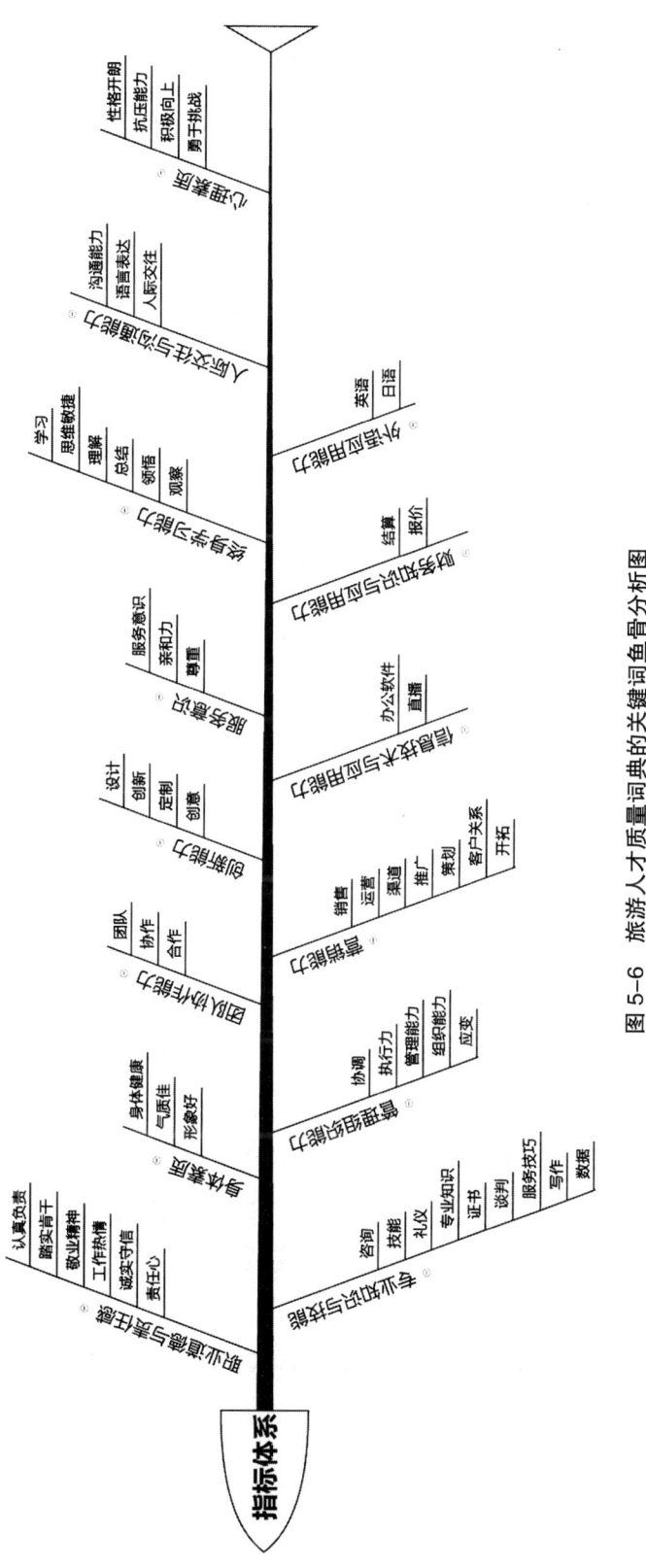

图 5-6 旅游人才质量词典的关键词鱼骨分析图

— 79 —

表 5-5 旅游人才质量词典

一级指标	二级指标	指标属性（关键词）
A 职业素质	A_1 职业道德与责任感	A_{11} 认真负责、A_{12} 踏实肯干、A_{13} 敬业精神、A_{14} 工作热情、A_{15} 诚实守信、A_{16} 责任心
	A_2 身体素质	A_{21} 身体健康、A_{22} 气质佳、A_{23} 形象好
	A_3 团队协作能力	A_{31} 团队、A_{32} 协作、A_{33} 合作
	A_4 创新能力	A_{41} 设计、A_{42} 创新、A_{43} 定制、A_{44} 创意
	A_5 服务意识	A_{51} 服务意识、A_{52} 亲和力、A_{53} 尊重
	A_6 终身学习能力	A_{61} 学习、A_{62} 思维敏捷、A_{63} 理解、A_{64} 总结、A_{65} 领悟、A_{66} 观察
	A_7 人际交往与沟通能力	A_{71} 沟通能力、A_{72} 语言表达、A_{73} 人际交往
	A_8 心理素质	A_{81} 性格开朗、A_{82} 抗压能力、A_{83} 积极向上、A_{84} 勇于挑战
B 知识与能力	B_1 专业知识与技能	B_{11} 咨询、B_{12} 技能、B_{13} 礼仪、B_{14} 专业知识、B_{15} 证书、B_{16} 谈判、B_{17} 服务技巧、B_{18} 写作、B_{19} 数据
	B_2 管理组织能力	B_{21} 协调、B_{22} 执行力、B_{23} 管理能力、B_{24} 组织能力、B_{25} 应变
	B_3 营销能力	B_{31} 销售、B_{32} 运营、B_{33} 渠道、B_{34} 推广、B_{35} 策划、B_{36} 客户关系、B_{37} 开拓
	B_4 信息技术与应用能力	B_{41} 办公软件、B_{42} 直播
	B_5 财务知识与应用能力	B_{51} 结算、B_{52} 报价
	B_6 外语应用能力	B_{61} 英语、B_{62} 日语

本次建立的旅游人才质量词典与 2020 年《基于职业教育视角的中国旅游人才供给与需求的研究报告》中的人才质量词典的差别主要体现在如下方面。

（1）确定的中高频关键词略有不同。2020 年度报告确定的关键词中的热爱工作、心理健康、判断三个关键词作为低频词被删掉；协调、服务技巧、责任心这三个关键词成为新增加的中高频词。"协调""责任心"两个关键词出现频率很高，主要是因为 2021 年许多旅游目的地疫情突发造成游客滞留隔离以及行程取消等现象，这就要求旅游行业的从业人员具有高度的责任心，在遵守国家政策的前提下具备随时协调安排好游客的行程的能力。

（2）旅游人才质量词典构建的方法有变化。2020 年度中高频关键词采用了聚类分析的方法构建了二级指标体系，本次在 2020 年度的旅游人才质量词典的基础上，利用德尔菲法对指标体系进行了验证，确保指标体系的科学性更强。

三、旅游企业岗位需求预测与人才质量要求分析

（一）旅行社企业岗位需求预测与人才质量要求分析

1. 岗位需求预测

旅行社企业岗位群主要分四类：运营、导游、策划、营销（见图5-2）。

根据南京奥派公司在"51job""智联招聘""58同城""最佳东方"四大主流平台抓取的旅行社招聘数据，根据数据分析发现，营销岗位群需求量最大，占比达67%；导游岗位群占比为7%；运营类岗位群占比为17%，策划岗位群占比9%，具体见图5-7。与2020年相比，旅行社招聘岗位中主要集中在营销和策划类岗位占比达76%，其中策划类岗位占比提升了6个百分点，究其原因主要是新冠疫情导致小规模、私密、自由的小型"私家团"成为跟团旅游的"新常态"，因此需要具备设计和定制个性化旅游产品能力的策划人才。

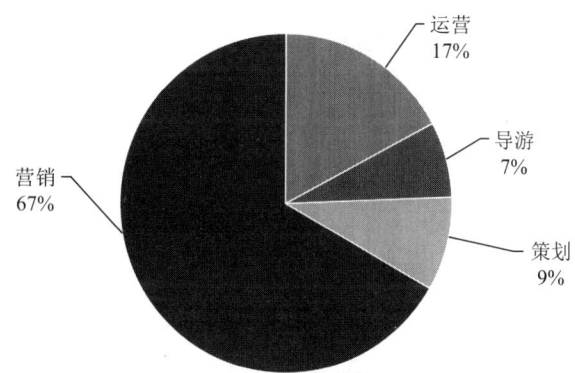

图5-7 旅行社四类岗位群招聘数量的比例

2. 人才质量要求分析

根据旅游人才质量词典指标体系，对指标属性关键词的文本频率进行统计，分析旅行社企业营销、运营、导游、策划四类岗位群的人才质量要求。

（1）营销类岗位群的人才质量要求分析

根据图5-8可知，营销岗位群人才质量要求：职业素质方面企业最注重的是身体素质、职业道德与责任感和团队协作能力；知识与能力方面最重视的是营销能力、创新能力和专业知识与技能。

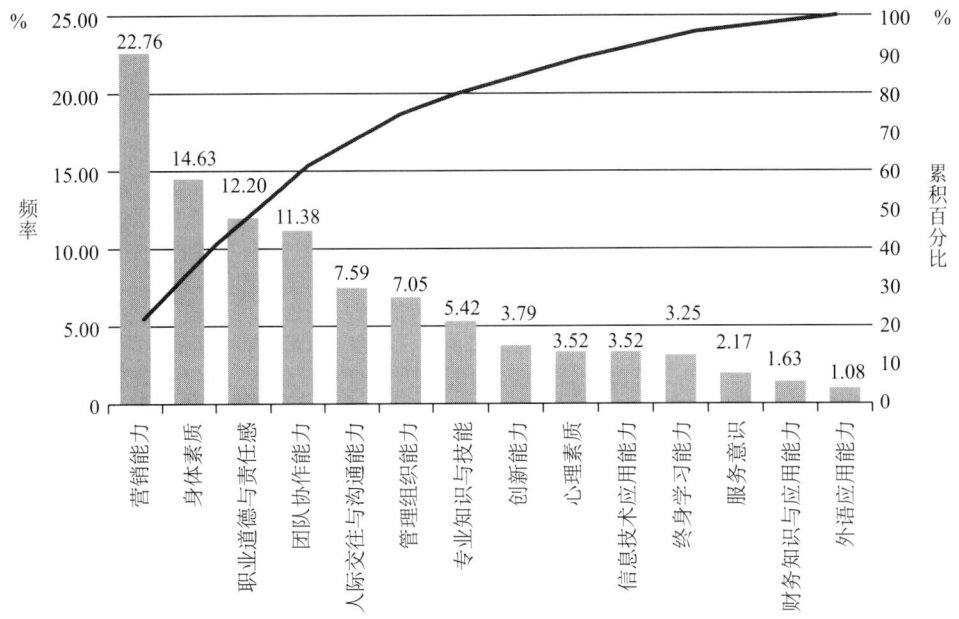

图 5-8 营销岗位群招聘人才质量要求的文本频率

（2）运营岗位群的人才质量要求分析

根据图 5-9 可知，运营岗位群人才质量要求：职业素质方面企业最注重的是团队协作能力、创新能力和人际交往与沟通能力；知识与能力方面企业最关注的是营销能力、专业知识与技能和管理组织能力。

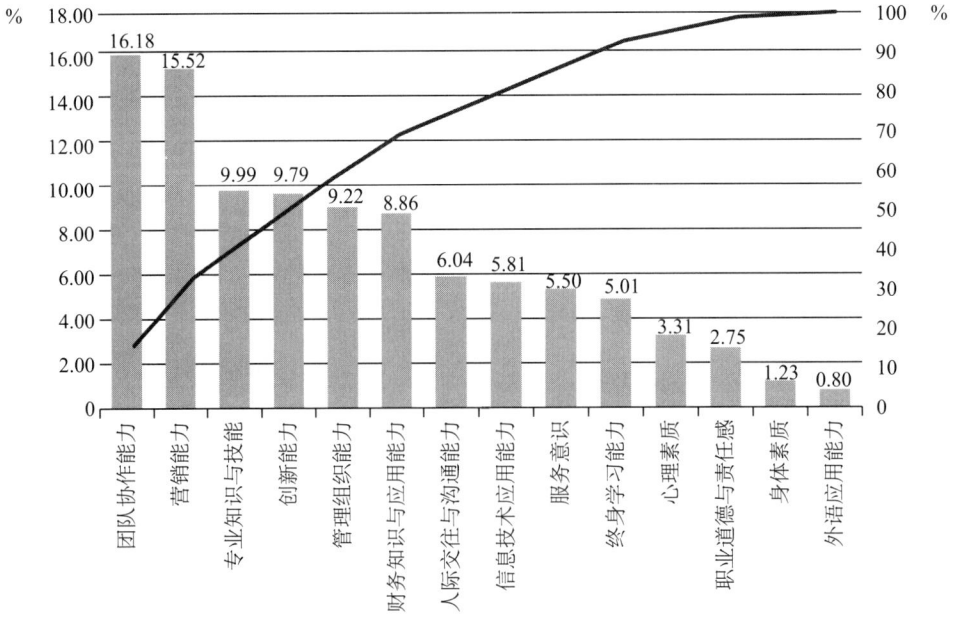

图 5-9 运营岗位群招聘人才质量要求的文本频率

（3）策划岗位群的人才质量要求分析

根据图 5-10 可知，策划岗位群的人才质量要求：职业素质方面企业重视的前三位是团队协作能力、创新能力和人际交往与沟通能力；对知识与能力方面重视的前三位是专业知识与技能、信息技术应用能力和财务知识与应用能力。

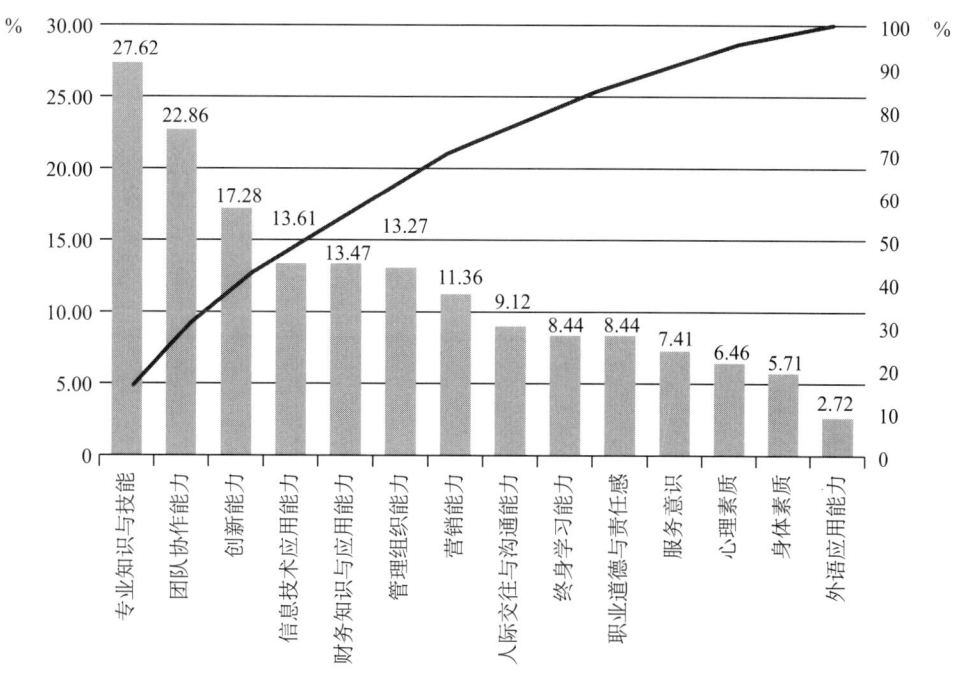

图 5-10　策划岗位群招聘人才质量要求的文本频率

（4）导游岗位群的人才质量要求分析

根据图 5-11 可知，导游岗位群的人才质量要求：职业素质中企业最关注的前三位是团队协作能力、身体素质和终身学习能力；知识与能力方面企业最关注的前三位是专业知识与技能、营销能力和管理组织能力，其中专业知识与技能在质量词典里包含导游资格证书，在抓取的招聘信息的要求中，导游岗位一般都要求有资格证书，而领队对外语应用能力有较高要求，而图中对外语应用能力的要求很低，主要原因是 2020 年出境游业务基本暂停，抓取的招聘信息中领队岗位的招聘人数非常少。

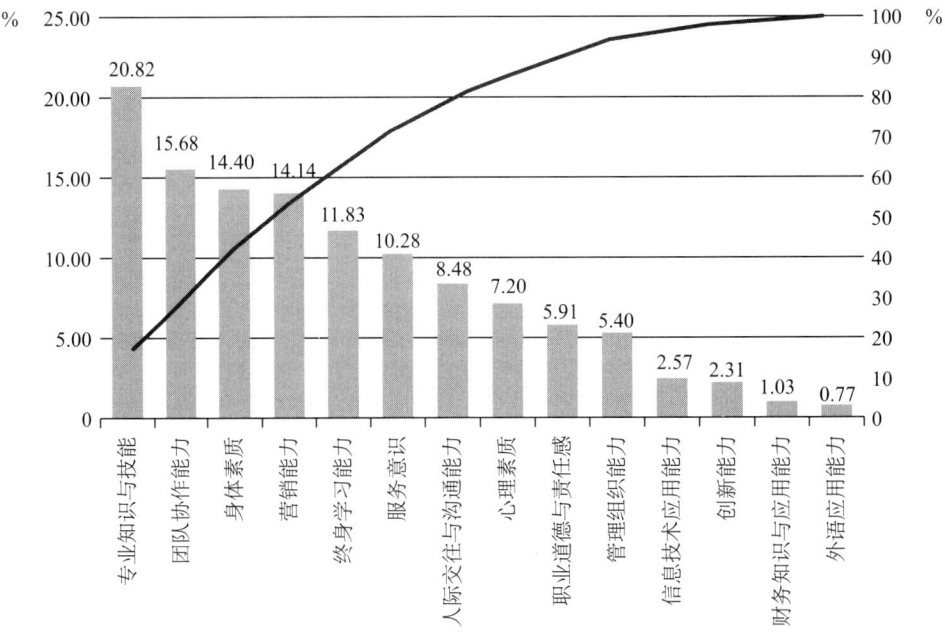

图 5-11 导游岗位群招聘人才质量要求的文本频率

3. 旅行社企业四类岗位群人才质量要求的雷达图（见图 5-12）

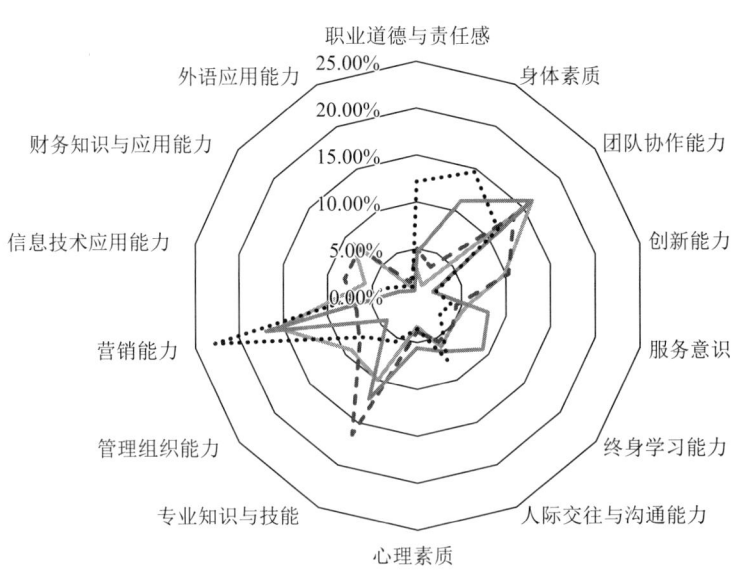

图 5-12 旅行社四类岗位群人才质量要求雷达图

4.旅行社企业四类岗位群人才质量要求的共性与个性分析

根据表 5-6 分析，旅行社四类岗位群的人才质量中职业素质方面的共性要求是团队协作能力、身体素质、人际交往与沟通能力和终身学习能力；知识与能力方面的共性要求是专业知识与技能、营销能力、管理组织能力和信息技术应用能力。新冠疫情后，企业对旅行社四类岗位群需求人才的质量要求出现明显变化，主要有以下两点。

表 5-6　旅行社四类岗位群的人才质量要求排序分析

人才质量要求	营销	运营	导游	策划
职业素质 （前三位）	身体素质	团队协作能力	团队协作能力	团队协作能力
	职业道德与责任感	创新能力	身体素质	创新能力
	团队协作能力	人际交往与沟通能力	终身学习能力	人际交往与沟通能力
知识与能力 （前三位）	营销能力	营销能力	专业知识与技能	专业知识与技能
	管理组织能力	专业知识与技能	营销能力	信息技术应用能力
	专业知识与技能	管理组织能力	管理组织能力	管理组织能力

（1）职业素质模块中，身体素质的位次都得到明显提升。新冠疫情让企业更加关注招聘的人才的身体素质。

（2）知识与能力模块中，相比 2020 年，营销岗位营销能力占比由 16.67% 上升为 22.76%，运营岗位由 6.35% 提升到 15.52%，可以看出各岗位群对营销能力的要求提高了。随着科技在旅游产业中的应用越来越广泛，加之新冠疫情也加速中国旅游业向数字化和智能化应用的普及，旅游企业对员工的数字化营销能力、智慧旅游新技术应用能力的要求也会越来越高。

（二）酒店企业岗位需求预测与人才质量要求分析

1.岗位需求预测

课题组通过对部分酒店管理人员的访谈，根据酒店企业的部门架构，将酒店企业岗位群进行了重新梳理，主要分六类：房务、餐饮、厨房、工程、营销、人力资源等。

根据南京奥派公司在"51job""智联招聘""58同城""最佳东方"四大主流平台从 2021 年 1—12 月抓取的招聘信息分析，用人需求最多的三个岗位群仍然是：餐饮、厨房、房务，占到酒店总招聘数量的 96.01%，其中厨房岗位群需求人才数量仍然最多（见图 5-13）。而餐饮岗位群的咖啡师、调酒师、茶艺师、侍酒师等有技能要求的岗位需求量较大，占到餐饮岗位群招聘数量的 32%。

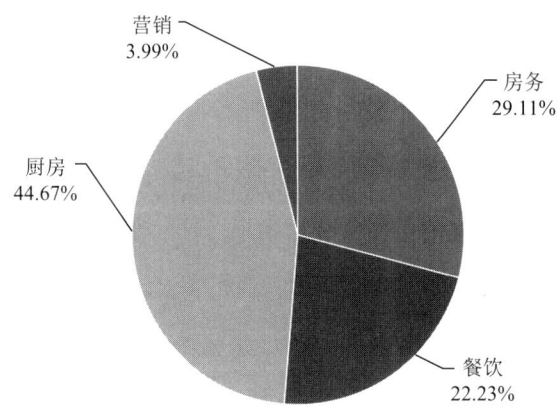

图 5-13　酒店四类岗位群招聘数量的比例

2. 人才质量要求分析

根据旅游人才质量词典指标体系,对关键词的文本频率进行统计分析酒店房务、餐饮、厨房三类岗位群的人才质量要求。

(1) 房务岗位群的人才质量要求分析

由图 5-14 可知,房务岗位群人才质量要求:职业素质方面企业最重视的是职业道德与责任感、团队协作能力和身体素质;知识与能力方面最重视的是专业知识与技能、信息技术应用能力和营销能力。

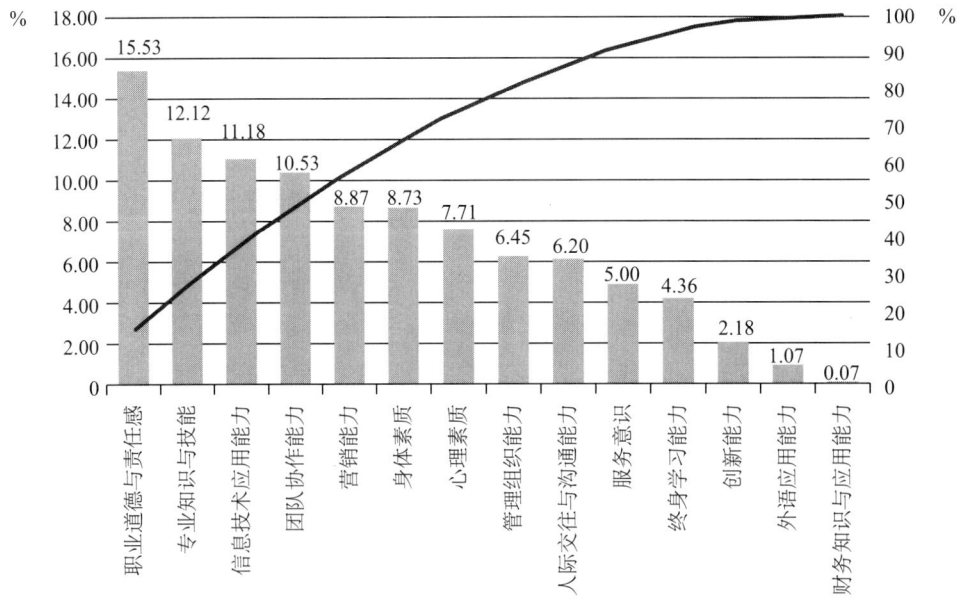

图 5-14　房务岗位群招聘人才质量要求的文本频率

（2）餐饮岗位群的人才质量要求分析

由图 5-15 可知，餐饮岗位群的人才质量要求：职业素质方面企业最重视的是身体素质、服务意识和团队协作能力；知识与能力方面中最重视的是营销能力、专业知识与技能和管理组织能力。餐饮岗位群中的调酒师、茶艺师、侍酒师，不仅需要有专业证书，也需要具备终身学习的能力，不断地学习新的技能。

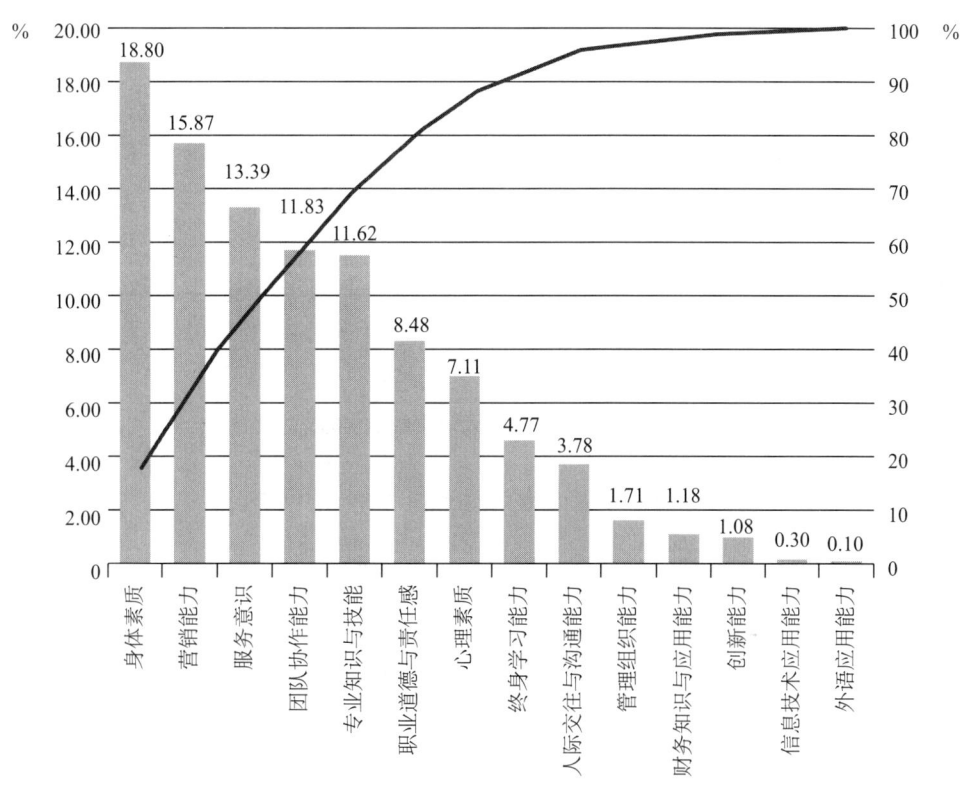

图 5-15　餐饮岗位群招聘人才质量要求的文本频率

（3）厨房岗位群的人才质量要求分析

由图 5-16 可知，厨房岗位群的人才质量要求：职业素质方面企业最重视的是身体素质、团队协作能力和服务意识；知识与能力方面中最重视的是专业知识与技能、管理组织能力和信息技术应用能力。厨房岗位群中的中西餐厨师，不仅需要有专业证书，也需要具备终身学习的能力，不断地学习新的技能。

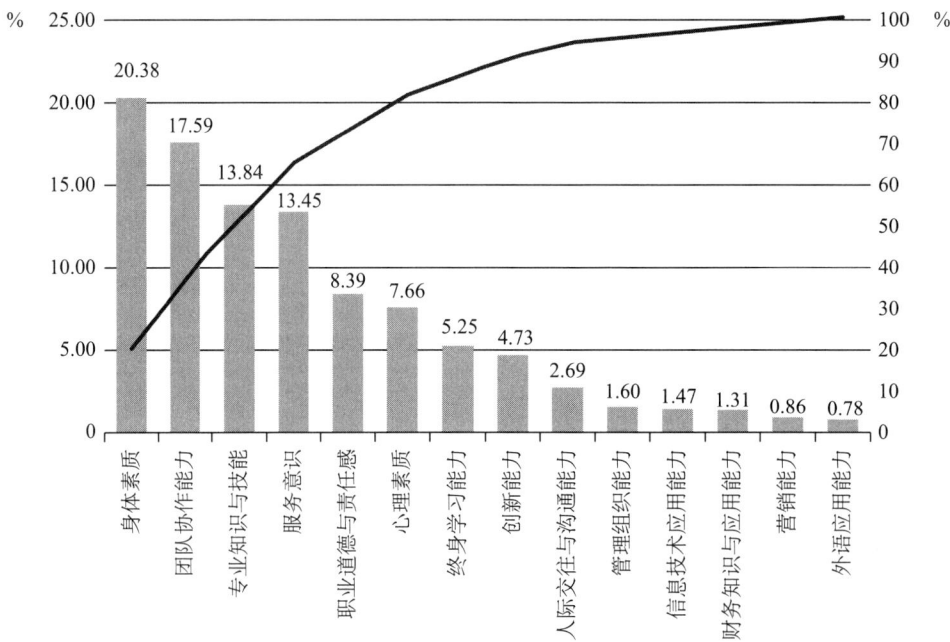

图 5-16 厨房岗位群招聘人才质量要求的文本频率

3. 酒店企业三类岗位群人才质量要求的雷达图（见图 5-17）

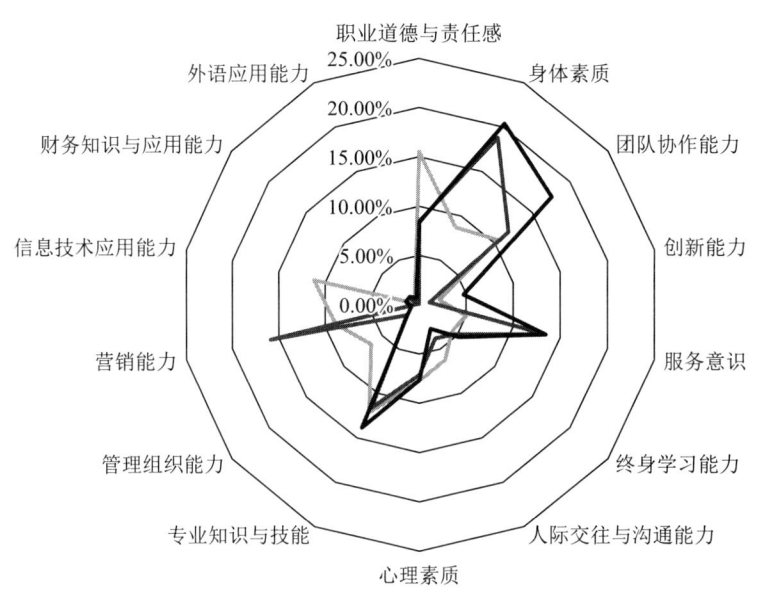

图 5-17 酒店三类岗位群需求人才质量要求的雷达图

4.酒店企业三类岗位群人才质量要求的共性与个性分析

从表 5-7 可以看出，酒店三类岗位群的人才质量要求中职业素质和知识与能力方面是共性的。职业素质方面最关注身体素质、团队协作能力和服务意识；知识与能力方面关注专业知识与技能、营销能力、管理组织能力以及信息技术应用能力。

表 5-7 酒店三类岗位群的人才质量要求排序分析

人才质量要求	房务	餐饮	厨房
职业素质 （前三位）	职业道德与责任感	身体素质	身体素质
	团队协作能力	服务意识	团队协作能力
	身体素质	团队协作能力	服务意识
知识与能力 （前三位）	专业知识与技能	营销能力	专业知识与技能
	信息技术应用能力	专业知识与技能	管理组织能力
	营销能力	管理组织能力	信息技术应用能力

相比 2020 年，酒店企业对房务、餐饮、厨房三类岗位群需求人才的质量要求出现明显变化的主要是：

（1）职业素质模块：自新冠疫情发生后，酒店企业在各岗位群的职业素质要求中，身体素质就成为企业招聘人才最关注的素质指标之一。

（2）知识与能力模块中：信息技术应用能力、营销能力和服务意识的关注度得到提升。

（三）景区企业岗位需求预测与人才质量要求分析

1.岗位需求预测

景区企业岗位群主要分为四类：接待、营销、运维、娱乐表演（见图 5-2）。其中，娱乐表演不属于本课题专业研究范围，因此不做分析。

根据四大招聘网站抓取的数据分析，景区营销类岗位占比 55%，景区接待岗位占比为 24%，景区运维类岗位仅占 17%（见图 5-18）。相比 2020 年，景区营销岗位占比从 37% 提高到 55%。中国风景区协会 2022 年 3 月发布的《中国风景名胜区高质量发展大数据分析报告》中提到，数字化技术赋能景区，使景区的创新营销模式越来越多，因此对营销人才的需求旺盛。

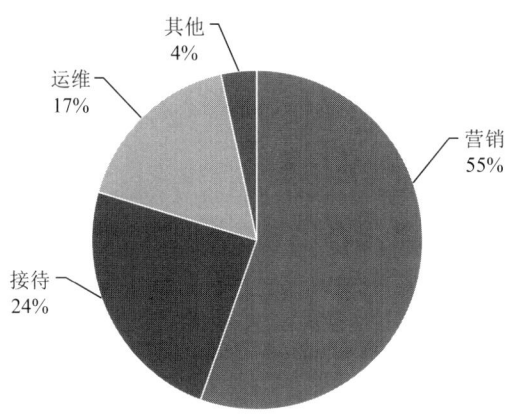

图 5-18 景区企业三类岗位招聘数量的比例

2. 景区企业三类岗位群人才质量要求分析

根据旅游人才质量词典指标体系,对指标属性关键词的文本频率进行统计,分析景区企业三类岗位群人才质量要求。

(1)景区接待岗位群的人才质量要求分析

由图 5-19 可知,景区接待岗位群人才质量要求:职业素质模块中企业最重视的是服务意识、身体素质和人际交往与沟通能力;知识与能力模块中企业最重视的是专业知识与技能、营销能力和信息技术应用能力。

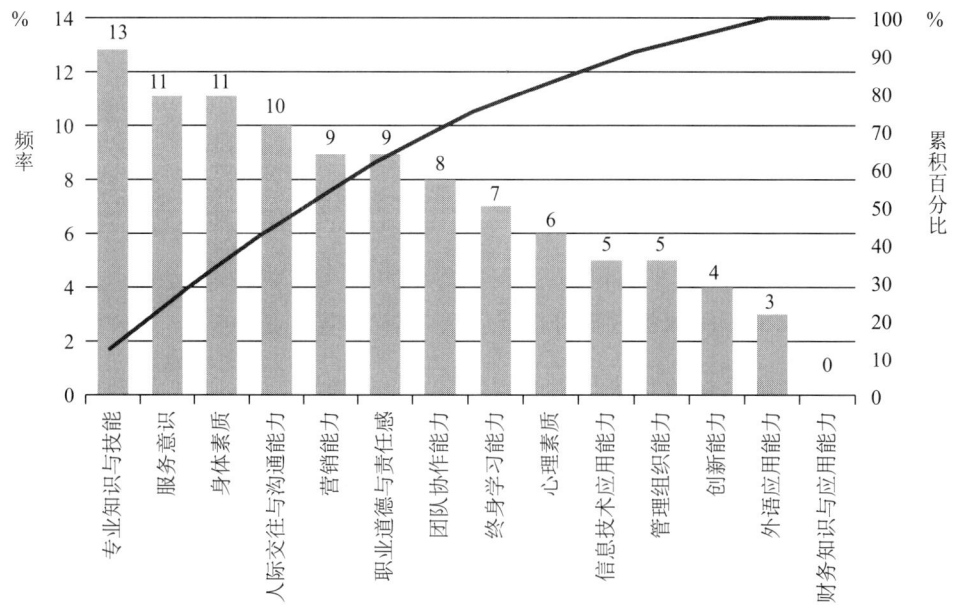

图 5-19 景区接待岗位群招聘人才质量要求的文本频率

（2）景区营销岗位群的人才质量要求分析

由图5-20可知，景区营销岗位群人才质量要求：企业重视的职业素质前三位是团队协作能力、身体素质和服务意识；企业关注的知识与能力的前三位是营销能力、专业知识与技能和信息技术应用能力。

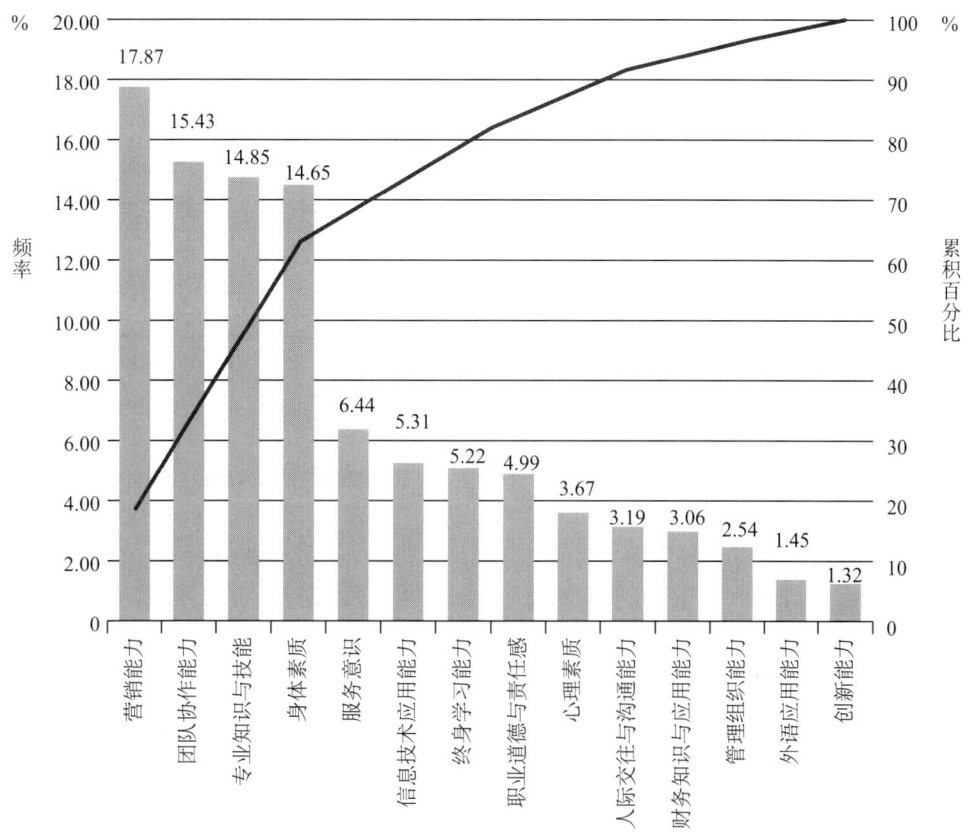

图5-20 景区营销岗位群招聘人才质量要求的文本频率

（3）景区运维岗位群的人才质量要求分析

由图5-21可知，景区运维岗位群人才质量要求：职业素质模块企业重视的前三位是身体素质、职业道德与责任感和团队协作能力；知识与能力模块重视的前三位是专业知识与技能、营销能力和管理组织能力。

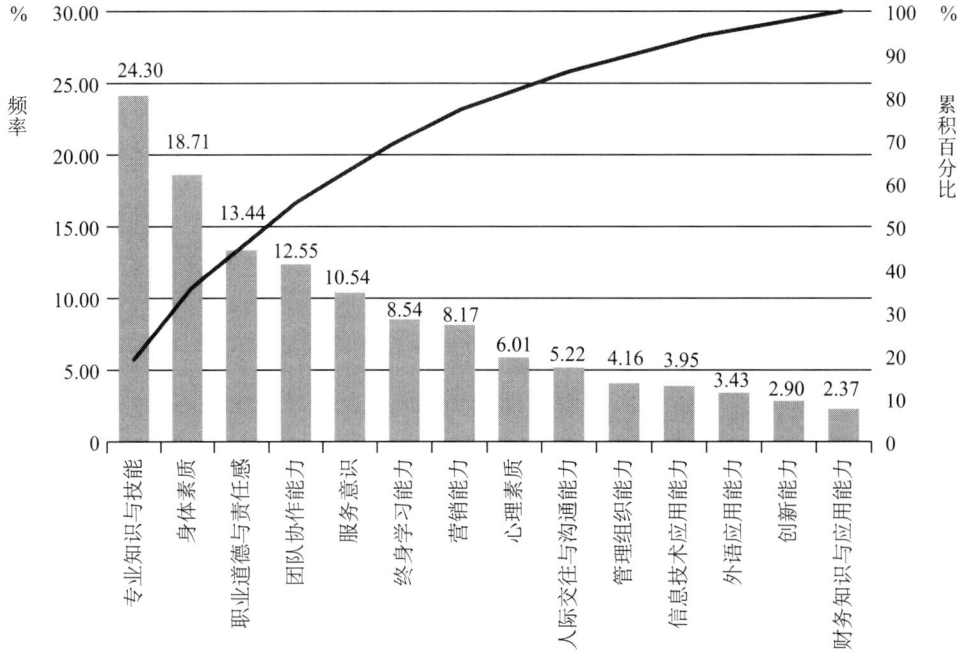

图 5-21 景区运维岗位群招聘人才质量要求的文本频率

3. 景区企业三类岗位群需求人才质量要求的雷达图（图 5-22）

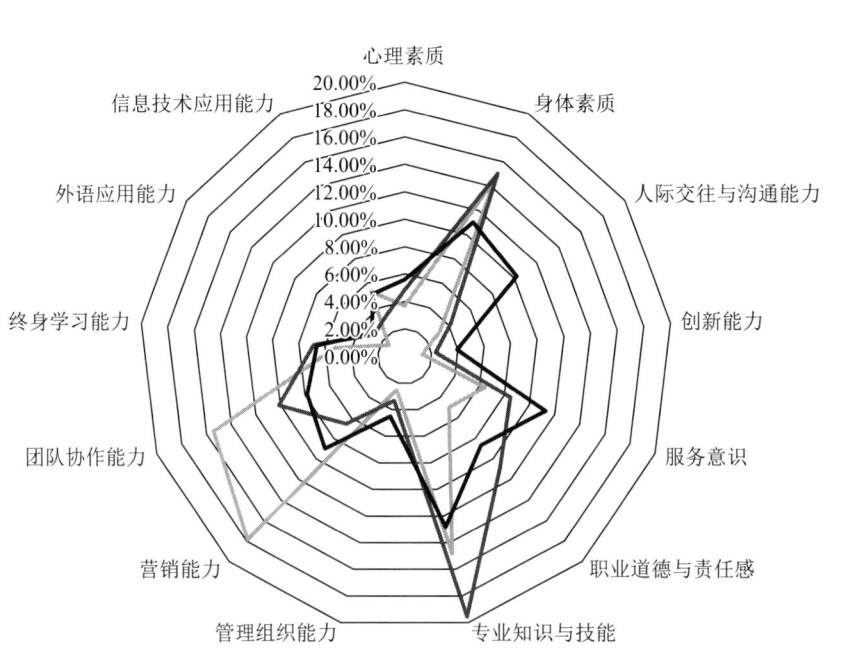

图 5-22 景区企业三类岗位群需求人才质量要求雷达图

4.景区企业三类岗位群人才质量要求的共性与个性分析

从表 5-8 所示，景区企业三类岗位群人才质量要求虽然各有侧重点，在职业素质方面共性的要求是身体素质、服务意识、团队协作能力及职业道德与责任感。在知识与能力方面共性的要求主要集中在专业知识与技能、营销能力、信息技术应用能力及管理组织能力。

表 5-8 景区三类岗位群的人才质量要求排序分析

人才质量要求	接待	营销	运维
职业素质（前三位）	服务意识	团队协作能力	身体素质
	身体素质	身体素质	职业道德与责任感
	人际交往与沟通能力	服务意识	团队协作能力
知识与能力（前三位）	专业知识与技能	营销能力	专业知识与技能
	营销能力	专业知识与技能	营销能力
	信息技术应用能力	信息技术应用能力	管理组织能力

相比 2020 年，景区的各岗位群中对营销能力和信息技术应用能力的要求有明显提高。

四、小结

本章主要利用网络爬虫技术抓取招聘信息，采用文本挖掘技术、Delphi 法以及鱼骨分析等方法，构建了旅游人才质量词典。利用文本频率分析法对旅行社、酒店、景区三类旅游企业岗位群的人才需求质量进行分析发现。

（1）在知识与能力方面，旅游企业大多数岗位群对营销能力，特别是数字营销能力以及旅游新技术应用能力的要求明显提高了，这就要求院校在人才培养过程中，时刻关注旅游企业岗位（群）能力的要求变化，及时调整人才培养方案和课程体系，实现产教深度融合，建立校企双元育人体制，实现旅游人才培养规格与企业用人规格的高度契合。

（2）职业素质方面，大多数企业岗位（群）最重视的是身体素质，这与 2020—2021 年全年疫情防控背景下，全民注重身体健康的社会氛围相一致；对职业素质的其他要求主要集中在职业道德与责任感、团队协作能力以及服务意识等，这也与旅游行业作为服务类行业相契合。同时,疫情防控的常态化也要求注重加强旅游从业者公共卫生应急救援技能培训,提高旅游从业者应急救援能力。

本章分析旨在为院校旅游类专业设置以及招生计划的制订提供依据,对旅游类专业人才培养方案的制定及修订提供理论指导和支撑。

第六章 对策及建议

一、存在的主要问题

根据2021年旅游企业人力资源状况和院校旅游类人才培养状况的调研情况分析，课题组发现中国旅游人才培养供给与需求存在以下主要问题。

1. 旅游人才培养供给与旅游企业人才需求结构性矛盾依然突出

受疫情影响，以"旅游+""互联网+"为基础的旅游新业态的发展潜力加速释放，推动了旅游业的智慧化发展，"无人服务""虚拟现实""智能导览""数据监测"成为各大旅游企业和景区智慧旅游建设的基本要求，"直播带货""云游""沉浸式体验""无接触度假、近郊游、预约游览"等促进了智慧旅游时代的到来。智慧旅游发展亟须一大批智慧旅游技术应用人才支撑。但是调研数据显示，2021年全国17个省市招收智慧旅游技术应用专业，共涉及11所院校，招生规模仅为543人；智慧景区开发与管理专业招生规模仅为412人。从供给侧来看，围绕旅游新技术、新业态等开设的新专业院校相对较少，同时新专业在招生、师资等方面都明显不足，旅游人才供给与需求的结构性矛盾依旧突出。

2. 受疫情影响，旅游人才就业对口率较低、毕业生就业难

受疫情影响，院校"科班出身"的旅游专业人才就业形势并不乐观。课题组调研数据显示，28.96%的院校表示旅游管理专业就业率较高，该专业就业率在91%以上，但是专业对口率仅为30.3%左右。虽然25.32%的院校表示酒店管理与数字化运营专业就业率较高，该专业其就业率在97.5%以上，专业对口率约为63.8%，但是，由于酒店员工流失率较高，调研数据显示60.32%的被调研酒店员工流失率在20%以上。由于疫情对旅游业的持续影响，旅行社门店大量关闭，从业人员大幅缩减。数据显示，2020年底，全国旅行社直接从业人数比2019年底减少了9.3万人，2021年旅行社人员

流失情况依然持续[①]。旅行社类上市公司如凯撒旅业、众信旅游等优质旅行社企业，未能扭转亏损现状，2021年前三季度分别净亏损2.6亿元和2.3亿元。塞尚国旅、康庄国旅、明珠国际等多家新三板旅行社也在持续亏损。[②] 根据课题组对旅游企业人力资源负责人调研结果显示，很多旅游从业人员收入受到较大影响，对旅游业也持悲观预期，不少员工选择离开旅游行业，也有不少旅游企业裁员，加剧了旅游类专业毕业生的"就业难"。

3. 校企合作创新不够，产教融合不深

本次调研结果显示，在校企合作的方式上，61.34%的院校采取了"提供实习基地"的形式，企业深度参与专业规划、课程设置、教材开发、教学设计、教学实施，合作共建新专业、开发新课程、开展订单培养。调研数据显示，20.15%的院校采取了"共同人才培养方案"，18.67%的院校校企共同开发教材；31.26%的院校采取了"订单培养"的形式。产教深度融合不够，开展现代学徒制、共建产业学院、企业学院的占比不高。调研数据显示，仅有23.89%的院校开展了"现代学徒制"；仅有17.39%的院校共建了"产业学院"。此外，2021年，国家发展改革委、教育部印发《关于印发产教融合型企业和产教融合试点城市名单的通知》（发改办社会〔2021〕573号），认定了63家国家产教融合型企业。公布的产教融合型企业主要集中于机械装备、能源化工、交通运输等传统产业，信息技术、生物医药、航空航天等战略性新兴产业，以及社会急需的养老等生活性服务业，未涉及旅游企业。

二、对策与建议

（一）政府层面

我国政府高度重视教育的高质量发展，据课题组不完全统计，2021年国家出台促进职业教育发展的政策文件共计64个，有关本科和研究生教育的文件共43个，具体如表6-1和表6-2所示。这些政策文件的出台，深化了教育改革，有力地推动了教育高质量发展。结合国家政策和课题组调研发现的问题，提出以下建议。

[①] 资料来源：《主动求变 坚韧前行——2021年旅行社业年终盘点》，中国旅游报，2022年1月6日。
[②] 吴丽云，阎芷歆.生存与发展：2021年旅行社发展回顾与展望［N］.中国旅游报，2022-01-09.

第六章 对策及建议

表6-1 2021年出台职业教育文件一览表

序号	文件名称	发文时间	发文机构	发文字号
1	关于公布2020年全国职业院校技能大赛中等职业学校班主任能力比赛业务能力组获奖选手名单的通知	2021年1月12日	教育部办公厅	教职成厅函〔2021〕1号
2	关于印发《本科层次职业教育专业设置管理办法（试行）》的通知	2021年1月22日	教育部办公厅	教职成厅〔2021〕1号
3	关于转发甘肃省《关于进一步完善职业院校人才薪酬待遇工作》的通知	2021年1月26日	教育部办公厅	
4	关于公布2020年全国职业院校技能大赛教学能力比赛获奖名单的通知	2021年1月25日	教育部办公厅	教职成函〔2021〕2号
5	关于做好2021年普通高校招生工作的通知	2021年1月31日	教育部	教学〔2021〕1号
6	关于2021年高校增设国家控制的高职（专科）专业审批结果的通知	2021年2月2日	教育部	教职成函〔2021〕1号
7	关于开展课程思政示范项目建设工作的通知	2021年3月11日	教育部办公厅	教高厅函〔2021〕11号
8	关于加强新时代教育管理信息化工作的通知	2021年3月10日	教育部	教科信函〔2021〕13号
9	关于印发《职业教育专业目录（2021年）》的通知	2021年3月12日	教育部	教职成〔2021〕2号
10	关于做好2021年中等职业学校招生工作的通知	2021年3月23日	教育部办公厅	教职成厅函〔2021〕3号
11	关于公布2020年全国职业院校技能大赛改革试点赛获奖名单的通知	2021年3月22日	教育部	教职成函〔2021〕3号
12	关于印发高等职业教育专科英语、信息技术课程标准（2021年版）的通知	2021年3月23日	教育部办公厅	教职成厅函〔2021〕4号
13	中华人民共和国民办教育促进法实施条例	2021年4月7日	中华人民共和国国务院	中华人民共和国国务院令第741号
14	关于做好2021年职业教育活动周相关工作的通知	2021年4月9日	教育部等十部门	教职成函〔2021〕5号
15	关于举办第七届中国国际"互联网+"大学生创新创业大赛的通知	2021年4月9日	教育部	教高函〔2021〕2号
16	关于在思政课中加强以党史教育为重点的"四史"教育的通知	2021年4月16日	教育部办公厅	教社科厅函〔2021〕8号
17	关于开展第二批人工智能助推教师队伍建设试点推荐遴选工作的通知	2021年4月15日	教育部办公厅	教师厅函〔2021〕7号

续表

序号	文件名称	发文时间	发文机构	发文字号
18	关于开展第二届全国高校思想政治理论课教学展示暨优秀课程观摩活动的通知	2021年4月20日	教育部办公厅	教社科厅函〔2021〕9号
19	关于学习宣传贯彻习近平总书记重要指示和全国职业教育大会精神的通知	2021年4月26日	教育部	教职成〔2021〕3号
20	关于在教育系统开展师德专题教育的通知	2021年4月29日	教育部	教师函〔2021〕3号
21	关于公布2021年高等职业教育专科专业设置备案结果的通知	2021年5月7日	教育部	教职成函〔2021〕6号
22	关于公布实施专科教育高等学校和成人高等学校备案名单的函	2021年5月10日	教育部办公厅	教发厅函〔2021〕16号
23	关于举办2021年全国职业院校技能大赛的通知	2021年5月12日	教育部	教职成函〔2021〕7号
24	关于印发《高等教育自学考试开考专业清单（2021年）》和《高等教育自学考试专业基本规范（2021年）》的通知	2021年5月13日	教育部办公厅	教职成厅函〔2021〕2号
25	关于学习宣传贯彻实施新修订的教育法的通知	2021年5月14日	教育部	教政法厅函〔2021〕12号
26	关于公布课程思政示范项目名单的通知	2021年5月28日	教育部	教高函〔2021〕7号
27	关于做好2021年高职扩招专项工作的通知	2021年6月15日	教育部办公厅等六部门	教职成厅函〔2021〕9号
28	关于公布《高等职业学校电子信息工程技术专业实训教学条件建设标准》等32项职业教育教学条件建设标准的通知	2021年6月24日	教育部办公厅	教职成厅函〔2021〕12号
29	关于做好全国中等职业学校管理信息系统建设工作的通知	2021年6月30日	教育部	教职成函〔2021〕8号
30	关于教育系统认真学习贯彻习近平总书记在庆祝中国共产党成立100周年大会上的重要讲话精神的通知	2021年7月1日	中共教育部党组	教党〔2021〕50号
31	关于推进教育新型基础设施建设构建高质量教育支撑体系的指导意见	2021年7月1日	教育部等六部门	教科信〔2021〕2号
32	关于加强社会人员继续教育培训管理的通知	2021年7月5日	教育部办公厅	教职成厅函〔2021〕14号
33	关于公布2021年高等学历继续教育拟招生专业备案结果的通知	2021年7月6日	教育部	教职成函〔2021〕9号

续表

序号	文件名称	发文时间	发文机构	发文号
34	关于开展中德先进职业教育合作项目遴选工作的通知	2021年7月7日	教育部办公厅	教外厅函〔2021〕16号
35	关于印发《习近平新时代中国特色社会主义思想进课程教材指南》的通知	2021年7月21日	国家教材委员会	国教材〔2021〕2号
36	关于做好中等职业学校公共基础课程教材使用的通知	2021年7月26日	教育部办公厅	教职成厅函〔2021〕16号
37	关于实施职业院校教师素质提高计划（2021—2025年）的通知	2021年7月29日	教育部 财政部	教职成〔2021〕6号
38	关于举办2021年全国职业院校技能大赛中等职业学校班主任能力比赛的通知	2021年8月9日	教育部办公厅	教职成厅函〔2021〕18号
39	关于公布第二批国家级职业教育教师教学创新团队立项建设单位和培育建设单位名单的通知	2021年8月9日	教育部	教师函〔2021〕7号
40	关于严格规范中等职业学校招生、学籍和资助管理工作的通知	2021年8月25日	教育部办公厅	教职成厅函〔2021〕19号
41	关于印发《全国职业院校技能大赛章程》的通知	2021年9月2日	教育部等三十五部门	教职成函〔2021〕11号
42	关于实施第二批人工智能助推教师队伍建设行动试点工作的通知	2021年9月7日	教育部	教师函〔2021〕13号
43	关于举办2021年全民终身学习活动周的通知	2021年9月8日	教育部办公厅	教职成厅函〔2021〕20号
44	关于首届全国教材建设奖励的决定	2021年9月26日	国家教材委员会	国教材〔2021〕6号
45	关于加强高等学历继续教育广告发布管理的通知	2021年9月30日	教育部办公厅等五部门	教职成厅函〔2021〕21号
46	关于公布2021年全国职业院校技能大赛获奖名单的通知	2021年10月8日	教育部	教职成函〔2021〕10号
47	关于推动现代职业教育高质量发展的意见	2021年10月12日	中共中央办公厅、国务院办公厅	
48	关于做好2021年高校信息公开年度报告工作的通知	2021年10月12日	教育部办公厅	教办厅函〔2021〕37号
49	关于职业院校毕业生参加事业单位公开招聘有关问题的通知	2021年10月22日	人力资源社会保障部	人社部发〔2021〕82号

续表

序号	文件名称	发文时间	发文机构	发文字号
50	关于做好2022年普通高等学校部分特殊类型招生工作的通知	2021年10月26日	教育部办公厅	教学厅〔2021〕7号
51	关于开展现代远程教育（网络教育）试点总结性评估工作的通知	2021年10月28日	教育部办公厅	教职成厅函〔2021〕22号
52	关于组织申报第二批国家教材建设重点研究基地的通知	2021年11月5日	教育部办公厅	教材厅函〔2021〕8号
53	关于成立第八届全国高等教育自学考试指导委员会的通知	2021年11月8日	教育部	教职成函〔2021〕12号
54	关于公布2021年度第二批专科层次高等学校备案名单的函	2021年11月11日	教育部办公厅	教发厅函〔2021〕39号
55	关于印发《普通高等学校举办非学历教育管理规定（试行）》的通知	2021年11月11日	教育部办公厅	教职成厅函〔2021〕23号
56	关于做好本科层次职业学校学士学位授权与授予工作的意见	2021年11月18日	国务院学位委员会办公室	学位办〔2021〕30号
57	关于进一步完善高职院校分类考试工作的通知	2021年11月17日	教育部办公厅	教学厅函〔2021〕36号
58	关于公布全国行业职业教育教学指导委员会（2021—2025年）和教育部职业院校教学（教育）指导委员会（2021—2025年）组成人员和工作规程的通知	2021年11月22日	教育部	教职成函〔2021〕13号
59	关于印发《"十四五"职业教育规划教材建设实施方案》的通知	2021年12月3日	教育部办公厅	教职成厅〔2021〕3号
60	关于组织开展"十四五"首批职业教育国家规划教材遴选工作的通知	2021年12月3日	教育部办公厅	教职成厅函〔2021〕25号
61	关于做好普通高等学校非学历教育对照检查整改工作的通知	2021年12月8日	教育部办公厅	教职成厅函〔2021〕26号
62	关于加强高等学历继续教育专业设置与管理有关工作的通知	2021年12月10日	教育部办公厅	教职成厅函〔2021〕27号
63	关于公布第二批国家级职业教育教师教学创新团队课题研究项目的通知	2021年12月16日	教育部办公厅	教师厅函〔2021〕29号
64	关于加强高等学历继续教育教材建设与管理的通知	2021年12月16日	教育部办公厅	教职成厅函〔2021〕28号

表6-2 2021年出台本科及研究生教育文件一览表

序号	文件名称	发文时间	发文机构	发文字号
1	关于印发《本科毕业论文（设计）抽检办法（试行）》的通知	2021年1月4日	教育部	教督〔2020〕5号
2	关于公布第二批高校"双带头人"教师党支部书记工作室建设名单的通知	2021年1月4日	教育部办公厅	教思政厅函〔2020〕15号
3	关于加强新时代高校教师队伍建设改革的指导意见	2021年1月4日	教育部 中央组织部 等六部门	教师〔2020〕10号
4	关于做好2021年同等学力人员申请硕士学位外国语水平和学科综合水平全国统一考试工作的通知	2021年1月27日	国务院学位委员会办公室	学位办〔2021〕2号
5	关于印发《普通高等学校本科教育教学审核评估实施方案（2021—2025年）》的通知	2021年1月21日	教育部	教督〔2021〕1号
6	关于公布2020年度普通高等学校本科专业备案和审批结果的通知	2021年2月10日	教育部	教高函〔2021〕1号
7	关于开展第六届全国教育科学研究优秀成果评选奖励活动的通知	2021年3月2日	教育部办公厅	教办厅函〔2021〕7号
8	关于进一步做好第二学士学位教育有关工作的通知	2021年2月25日	教育部办公厅	教高厅函〔2021〕8号
9	关于推荐新文科研究与改革实践项目的通知	2021年3月2日	教育部办公厅	教高厅函〔2021〕10号
10	关于2021年度基础学科拔尖学生培养基地建设工作的通知	2021年3月2日	教育部办公厅	教高厅函〔2021〕9号
11	关于开展2021年学位授权点专项合格评估工作的通知	2021年3月11日	国务院学位委员会 教育部	学位〔2021〕1号
12	关于开展课程思政示范项目建设工作的通知	2021年3月11日	教育部办公厅	教高厅函〔2021〕11号
13	关于发布《高等学校数字校园建设规范（试行）》的通知	2021年3月12日	教育部	教科信函〔2021〕14号
14	关于印发《"双一流"建设成效评价办法（试行）》的通知	2021年03月23日	教育部 财政部 国家发展改革委	教研〔2020〕13号
15	关于开展习近平新时代中国特色社会主义思想大学习领航计划系列主题活动的通知	2021年3月30日	教育部办公厅	教社科厅函〔2021〕6号

续表

序号	文件名称	发文时间	发文机构	发文字号
16	关于开展第二批国家级一流本科课程认定工作的通知	2021年4月6日	教育部办公厅	教高厅函〔2021〕13号
17	关于开展第二批"全国高校黄大年式教师团队"创建活动的通知	2021年4月8日	教育部	教师函〔2021〕2号
18	关于举办第七届中国国际"互联网+"大学生创新创业大赛的通知	2021年4月9日	教育部	教高函〔2021〕2号
19	关于开展第二批人工智能助推教师队伍建设试点推荐遴选工作的通知	2021年4月15日	教育部办公厅	教师厅函〔2021〕7号
20	关于下达2020年学位授权点专项合格评估处理意见的通知	2021年4月18日	国务院学位委员会 教育部	学位〔2021〕2号
21	关于教育系统深入学习贯彻习近平总书记在清华大学考察时重要讲话精神的通知	2021年4月21日	中共教育部党组	教党〔2021〕29号
22	关于做好2021年同等学力人员申请硕士学位全国统一考试安全和防疫工作的通知	2021年4月25日	国务院学位委员会办公室	学位办〔2021〕9号
23	关于公布首批未来技术学院名单的通知	2021年5月17日	教育部办公厅	教高厅函〔2021〕16号
24	关于公布课程思政示范项目名单的通知	2021年5月28日	教育部	教高函〔2021〕7号
25	关于印发《高等学校碳中和科技创新行动计划》的通知	2021年7月12日	教育部	教科信函〔2021〕30号
26	关于组织开展2021年度省部共建协同创新中心申报工作的通知	2021年8月18日	教育部办公厅	教科信厅函〔2021〕26号
27	关于印发《2022年全国硕士研究生招生工作管理规定》的通知	2021年8月30日	教育部	教学函〔2021〕2号
28	关于实施第二批人工智能助推教师队伍建设行动试点工作的通知	2021年9月7日	教育部	教师函〔2021〕13号
29	关于学习贯彻习近平总书记给全国高校黄大年式教师团队代表重要回信精神的通知	2021年9月12日	教育部	教师〔2021〕6号
30	关于公布第六届全国教育科学研究优秀成果奖评选结果的通知	2021年9月24日	中华人民共和国教育部	教办函〔2021〕12号
31	关于首届全国教材建设奖奖励的决定	2021年9月26日	国家教材委员会	国教材〔2021〕6号

续表

序号	文件名称	发文时间	发文机构	发文字号
32	关于下达2022年"退役大学生士兵"专项硕士研究生招生计划的通知	2021年10月19日	教育部办公厅	教学厅函〔2021〕32号
33	关于下达2021年学位授权点专项评估合格处理意见的通知	2021年10月25日	国务院学位委员会 教育部	学位〔2021〕19号
34	关于下达2020年学位授权自主审核单位撤销和增列的学位授权点名单的通知	2021年10月26日	国务院学位委员会	学位〔2021〕16号
35	关于下达2020年动态调整撤销和增列的学位授权点名单的通知	2021年10月26日	国务院学位委员会	学位〔2021〕15号
36	关于下达2020年审核增列的博士、硕士学位授权点名单的通知	2021年10月26日	国务院学位委员会	学位〔2021〕14号
37	关于下达2020年审核增列的博士、硕士学位授予单位及其学位授权点名单的通知	2021年10月26日	国务院学位委员会	学位〔2021〕13号
38	关于做好2022年普通高等学校部分特殊类型招生工作的通知	2021年10月26日	教育部办公厅	教学厅〔2021〕7号
39	关于公布首批新文科研究与改革实践项目的通知	2021年10月28日	教育部办公厅	教高厅函〔2021〕31号
40	关于印发《交叉学科设置与管理办法(试行)》的通知	2021年11月17日	国务院学位委员会	学位〔2021〕21号
41	关于做好本科层次职业学校学士学位授权与授予工作的意见	2021年11月18日	国务院学位委员会办公室	学位办〔2021〕30号
42	关于全国金融等30个专业学位研究生教育指导委员会换届的通知	2021年12月27日	国务院学位委员会 教育部 人力资源社会保障部	学位〔2021〕22号
43	关于公布首批现代产业学院名单的通知	2021年12月27日	教育部办公厅 工业和信息化部办公厅	教高厅函〔2021〕39号

1. 加强推动旅游产业和旅游教育的科学研究。

调研中发现，对旅游业发展及旅游教育高质量发展的科学研究不够，是导致旅游职教人才供需结构性矛盾长期存在的主要原因之一。《"十四五"旅游业发展规划》也明确提出，要推动事关旅游业发展的重大现实问题、热点问题和难点问题研究，加强基础理论研究，加快构建以人民为中心的新时代旅游业发展理论体系。因此，建议各界，特别是政府主管部门高度重视，积极引导，持续加强对旅游产业、旅游教育发展态势等规律性的科学研究工作。主要包括政策研究、行业发展研究、旅游教育教学创新发展研究等，促进旅游职教育与旅游产业发展良性互动。如加强旅游行业发展研究，建立产业人才数据平台，预判行业发展趋势，定期发布行业发展情况与人才需求数据研究报告；加强旅游教育人才供需研究，分析研究本行业最新职业岗位变化和人才需求，科学预测行业人力资源需求、就业形势，定期发布人才供需预测报告等，促进旅游类专业人才培养和旅游产业人才需求精准对接。

2. 优化旅游相关专业目录设置，推动专业升级和旅游人才培养供给侧改革

顺应新一轮科技革命和旅游产业转型升级，主动服务旅游产业高质量发展需要，遵循教育规律和人才成长规律，定期修订专业目录，出台相关政策，鼓励院校根据区域旅游经济的发展实际，优化旅游类专业设置，调整专业结构，特别是鼓励开设契合旅游新业态发展的新专业。同时，出台深化办学体制、管理体制改革的政策和文件，推动院校人才培养体制的供给侧改革，加大对旅游业领军人才、急需紧缺人才和新技术、新业态人才的培养力度，打造一支与旅游业发展相适应的高素质人才队伍。

3. 出台有利于地方旅游产业发展的产教深度融合政策文件，加快推进产业学院、企业学院建设

为深化产教融合，充分发挥产业优势，发挥企业重要育人的主体作用，2020年，教育部办公厅、工业和信息化部办公厅联合印发了《现代产业学院建设指南（试行）》，明确提出："推动高校探索现代产业学院建设模式，建强优势特色专业，完善人才培养协同机制，造就大批产业需要的高素质应用型、复合型、创新型人才，为提高产业竞争力和汇聚发展新动能提供人才支持和智力支撑。"2021年12月教育部公布了首批遴选50所本科院校的现代产业学院名单。因此建议，地方政府及教育主管部门应根据区域经济发展趋势和需求，积极出台有利于地方旅游产业发展的产教深度融合政策文件，加大现代产业学院、企业学院等产教深度融合建设，推进校企双元体育人管理体制机制的建立和完善，促进旅游专业（群）与旅游产业发展对接，促进课程内容与智慧旅游技术发展对接，促进教学过程与旅游企业的生产、经营管理过程对接，促进院校旅

游人才培养与旅游产业发展需求融合、吻合。

4. 推进旅游职业教育纵向贯通，加快现代旅游职业学校教育体系建设

2022年4月新修订的《中华人民共和国职业教育法》明确提出："国家建立健全适应经济社会发展需要，产教深度融合，职业学校教育和职业培训并重，职业教育与普通教育相互融通，不同层次职业教育有效贯通，服务全民终身学习的现代职业教育体系。职业学校教育分为中等职业学校教育、高等职业学校教育。高等职业学校教育由专科、本科及以上教育层次的高等职业学校和普通高等学校实施。根据高等职业学校设置制度规定，将符合条件的技师学院纳入高等职业学校序列。"因此建议，首先强化顶层设计，国家层面制定指导意见，明确不同类型职业教育的办学定位、发展路径、培养目标、培养方式、办学体制，引导学校在内涵上下功夫，提升办学质量。其次健全中职、专科、本科及以上教育层次的有机衔接的国家职业教育标准体系，如专业教学标准、课程标准、师资标准、实习实训标准、毕业设计标准等。最后，加快出台发展旅游类职业本科教育政策文件，鼓励有实力有条件的高职院校开展旅游类职教本科的工作。通过政府统筹，整合职业教育资源，逐步形成中等职业学校、专科高等职业院校、本科应用技术型高等院校、高等院校专业学位研究生教育模式等定位清晰、结构布局合理的现代旅游职业学校教育新体系。

此外，鉴于新冠疫情给旅游业带来的严重冲击和影响，建议在对旅游企业实施的缓交失业保险、工伤保险等纾困政策的同时，出台旅游从业人员就业激励政策、人员培训政策、领军人才奖励政策等，降低旅游企业员工流失率，增强旅游从业者的信心，为旅游业高质量发展提供有力人才支持。

（二）行业企业层面

充分发挥行业、企业的育人作用，深化产教融合，培养适应和引领现代旅游产业发展的高素质应用型、复合型、创新型人才，是实现我国旅游产业及旅游企业高质量发展，实现旅游强国的重要支撑。因此建议如下。

1. 充分发挥旅游企业重要教育主体作用，积极推进产教融合型企业建设，促进院校人才培养供给侧改革，破解旅游人才供需结构性矛盾

旅游企业应高度重视校企合作，双元主体育人工作，将推动产教融合、校企合作，建设产教融合型企业、产业学院、企业学院等工作纳入企业发展战略中，强化旅游企业重要教育主体责任，建立校企共建共管的组织机构和管理制度，共同创新人才培养方案、课程体系、教学方法、产学研实训基地等，深化教育教学改革，将行业标准和企业标准纳入教学内容，校企共同开发教材和课程，促进学校旅游人才培养供给侧与

旅游产业需求侧紧密对接，不断提高旅游人才培养与旅游产业高质量发展的契合度。

2. 积极贯彻落实《"十四五"旅游业发展规划》《"十四五"文化和旅游发展规划》等，加快企业转型升级发展，推进旅游业高质量发展，为毕业生创造更多的就业机会

尽管近两年新冠疫情给我国旅游行业产生了巨大的影响，但并不会从根本上影响旅游业作为我国国民经济战略性支柱产业、五大幸福产业之首和"未来产业"的根本地位。旅游企业应坚定信心，以改革创新为动力，积极参与国家和地方"十四五"文化和旅游发展规划项目中，充分利用互联网技术、智慧旅游技术等，整合旅游资源，创新旅游业态，加速线上线下文旅产品和服务融合，创新旅游产品及衍生品，依法依规利用大数据等手段，创新营销方式，提高旅游营销传播的针对性和有效性，满足旅游消费者多层次、多样化、特色化、高品质的需求，促进旅游业高质量发展，充分释放旅游业"一业兴、百业旺"的乘数效应，创造更多就业创业机会。同时，旅游企业还要做好人才培养计划，为企业可持续发展提供人力支撑。例如，无锡拈花湾文化投资发展有限公司通过制订人才开发计划——"瞪羚计划"，建设人才梯队。其中公司推出了"MT-100助跑计划"，主要是针对院校招收管理培训生，并制订详细的培养计划，为公司发展做好人才储备。

3. 充分发挥旅游职业教育教学指导委员会、旅游行业协会等组织的作用，搭建旅游校企资源对接平台、大学生就业创业平台，助力旅游行业和旅游教育高质量发展

建议各地旅游职业教育教学指导委员会充分整合政行校企资源，通过搭建校企资源对接平台、创新创业平台、产学研平台等，推动产教融合、校企合作向纵深发展，进一步加强院校之间、校企之间、业界与学界之间的交流与合作，促进旅游职业教育教学资源整合和改革创新。建议各地旅游行业协会立足区域文旅产业发展，积极搭建政校企行沟通交流的大平台，特别是旅游企业用人需求平台，促进院校旅游人才培养创新改革，促进信息交流、互动合作、资源互补，促进旅游行企与院校深度合作，并良性发展。

（三）院校层面

培养适应和引领现代旅游产业发展的高素质旅游人才，是旅游教育支撑旅游产业高质量发展的必然要求，也是推动高校旅游类专业高质量发展的重要举措。作为旅游人才培养主阵地的高校要充分认清形势，厘清人才培养工作重点和难点，通过深入学习并贯彻落实国家职业教育政策文件，提高人才培养质量，促进中国旅游业高质量发展。

1. 对接旅游产业发展，加强科学研究，准确把脉旅游人才需求规模和质量

调研中发现，相对于本科院校而言，高职院校对旅游行业发展研究、政策研究、

技能跟踪研究不够，对旅游产业发展的重大现实问题、热点问题和难点问题关注不够，导致人才培养与旅游产业发展的契合度不高，在一定程度上加剧了人才培养供需结构性矛盾。因此建议，高职院校要对新时代旅游产业发展及变革、旅游产业政策、旅游新技术新技能变化等加强研究，每年定期开展行业企业用人需求调研，了解旅游产业企业人才需求的岗位、数量变化和规格要求，科学预测区域旅游经济发展态势和人力资源需求、就业形势，促进旅游类专业人才培养和旅游产业人才需求精准对接。

2. 深化产教融合、校企合作，创新产教协同育人模式，提高旅游人才供给与需求的适配性

深化产教融合是高校教育教学改革的方向，也是提高旅游行业企业与旅游人才培养的供需适配性，解决人才供给不足的结构性矛盾，提高旅游人才培养质量的必由之路。

第一，从战略层面高度重视产教融合、校企合作。应将这项工作纳入本单位"十四五"发展规划中，充分发挥高校与地方政府、行业协会、企业机构等双方或多方办学主体作用，整合校企资源，推动共建、共管、共享、共育的产教协同育人的机制和体制建设。此外，有条件的院校，可以与旅游企业共同探索混合所有制改革，旅游企业通过以资本、技术、管理等要素依法参与办学并享有相应权利，进一步深化产教融合。

第二，从战术层面高度重视产教融合、校企合作。在管理方式创新性、政策制度保障性、预算资金到位性、策略举措落地性等方面下功夫，通过共建现代产业学院、产教融合型企业、产教融合学院、产教融合基地、产教融合协同创新中心、产教融合实验室、产教融合教研室、产教融合教学团队、产教融合科研团队等方式，深化校企在专业设置、专业建设、教学标准建设、课程建设、教材建设、科技开发、社会培训、实验实训、创新创业、文化传承等方面的一体化建设，最大限度以产助学、以研促产、学训结合、训创融合，形成一个完整的"产教融合、校企合作"逻辑链，不断深化供给侧改革，不断提升学校服务地方经济的能力，助推旅游企业和当地旅游经济可持续发展。

3. 追踪旅游产业发展，紧密对接旅游产业人才需求，动态调整和优化专业结构，深化教育教学改革和创新，提高旅游人才培养质量和就业对口率

第一，对接旅游产业发展，适时调整优化专业结构，建立旅游人才供需适配长效机制。人才培养的周期性、供需适配性等要求高校必须根据旅游人才培养的服务区域面向，实时关注旅游产业发展动态变化，深入开展专业调研，充分了解旅游产业发展

趋势以及对旅游人才需求的规模和质量，并结合本校发展实际和办学特色，动态调整和优化专业结构，建立并形成旅游类专业建设和人才培养的供需匹配的良性发展机制。"十四五"期间，随着旅游产业转型升级，"互联网＋旅游"、智慧旅游快速发展，旅游新技术开发、旅游新技术应用、数字化旅游营销、智慧旅游管理等方面的专业人才供需缺口较大。因此，加强对旅游新技术开发和应用，以及智慧旅游营销、管理等专业建设和人才培养迫在眉睫。

第二，深化教育教学改革，加大对数字化、专业化、人文化、创新型、复合型人才的培养力度，提高人才培养质量。明确人才培养定位和就业服务方向，深化教学内容、教材、教学方式方法、教学模式等创新改革，注重将旅游新知识、新技术、新标准、新方法、新规范等融入教育教学中，同时也要将思想政治教育、旅游人文知识等融入教育教学中，发挥文旅融合、以文化人的作用。此外，旅游业作为一个综合型产业，其产业生态链长，随着近年来旅游业结构性、发展性变化，对通识型旅游人才规模需要进一步扩大，专业型旅游人才的市场需求进一步增加①，要求院校对旅游类专业人才培养方案、课程体系等进行实时修订和调整，提升学生的就业竞争力。

4.进一步强化师资队伍建设，着力建设一支"德艺双馨"的高素质教育教学和管理队伍

师资队伍是影响学校发展、教育教学改革创新和人才培养质量的关键要素。

第一，认真贯彻落实国家关于教师队伍建设的政策文件，提高新时代教师素质和水平。2021年1月，教育部等六部门发布《关于加强新时代高校教师队伍建设改革的指导意见》（教师〔2020〕10号），8月教育部、财政部联合印发了《关于实施职业院校教师素质提高计划（2021—2025年）的通知》（教师函〔2021〕6号）等文件都强调指出，新时代教师队伍建设应以习近平新时代中国特色社会主义思想为指导，落实立德树人根本任务，强化提升教师的思想政治素质和师德师风建设，提高教师专业素质和教育教学能力，推动教育高质量发展。

第二，应建立健全教师队伍"遴选、引进、聘用、考评、培养、留住"等体制和机制，建立健全激发教师教科研创工作动能以及教师个人和团队成长的政策、制度和路径，建设一支师德高尚、业务能力精湛、专兼结合的高水平、高素质的创新型教师队伍。同时，职业院校和应用型本科院校应加大"双师型"队伍建设，结合区域旅游经济发展和本校实际，设计"双师型"教师评判标准，建立职教教师持证上岗制度，

---

① 又是一年毕业季：就业难，招聘难，难在哪？[EB/OL].[2021-07-05].https://xw.qq.com/cmsid/20210705A03JDR00.

形成合力，协同推进职业教育"双师型"教师队伍建设目标的整体落实。

第三，设置教师流动工作站，推动院校和企业双向互动交流，强化对院校专任教师和企业兼职教师的教育培训，及时更新教师的知识技能体系，提高专任教师的实践教学能力和企业兼职教师的教学能力。

5. 积极打造中国特色的教育品牌

国际旅游是开放交流、增进国际交往的重要方式与平台，旅游业的国际化特点日益突出，旅游业发展更需要具有国际视野、通晓国际规则、具备处理国际事务能力并能熟练应用国际化语言能力的高素质复合型人才。因此，院校应加强与国际高水平的职业教育机构和组织合作，开展学术研究、标准研制、人员交流；开展专业领军人才、学术带头人、骨干教师、教师教学创新团队等人才境外培训和交流；积极探索"中文＋职业技能"的国际化发展模式，推动中国教育、专业标准、课程标准、课程资源走出去，打造具有中国特色的教育品牌，为旅游强国、教育强国培养更多优秀的国际化旅游人才。

附录1 2021年旅游人才需求预测调研问卷（企业版）

《中国旅游人才供给与需求研究报告》研制企业调查问卷

您好！

根据《中国旅游人才供给与需求研究报告》课题研究的需要，现针对2021年我国旅游企业人才资源状况进行问卷调研，旨在了解中国旅游企业人力资源的基本情况以及对职业院校学生的培养需求。此问卷不记姓名，只用于项目研究，不会对您个人和所在单位带来任何不利影响。真诚感谢您的帮助。

课题组

第一部分 企业基本情况

1. 您企业的名称是＿＿＿＿＿＿＿＿＿＿＿＿

2. 您的旅游企业面向的市场属于哪一种（可多选）（   ）

    A. 酒店　　　　　B. 线下旅行社　　　C. 线上旅行社　　　D. 景区
    E. 会展公司　　　F. 其他

3. 您的旅游企业等级（   ）

    A. 二星或2A及以下　　　　　　B. 三星或3A　　　　C. 四星或4A
    D. 5星或5A　　　E. 无等级

4. 您的旅游企业管理公司为（   ）

    A. 国际集团　　　B. 国有企业　　　C. 民营企业　　　D. 其他

5. 您所在旅游企业所开业时间为（　　）

A. 三年以下　　　B. 三至五年　　　C. 五至十年　　　D. 十年以上

E. 二十年以上

6. 您所在旅游企业的注册资金为（　　）

A. 500 万元以下　　　　　　　　B. 500 万 ~1000 万元

C. 1000 万 ~5000 万元　　　　　D. 5000 万元以上

7. 您所在旅游企业的 2018 年度营业额为（　　）

A. 1000 万元以下　　　　　　　B. 1000 万 ~3000 万元

C. 3000 万 ~5000 万元　　　　　D. 5000 万 ~1 亿元

E. 1 亿以上

8. 你所在的企业分布在（可多选）（　　）

□河北省	□山西省	□辽宁省	□吉林省
□黑龙江省	□江苏省	□浙江省	□安徽省
□福建省	□江西省	□山东省	□河南省
□湖北省	□湖南省	□广东省	□海南省
□四川省	□贵州省	□云南省	□陕西省
□甘肃省	□青海省	□内蒙古自治区	□广西壮族自治区
□西藏自治区	□宁夏回族自治区	□新疆维吾尔自治区	□北京市
□天津市	□上海市	□重庆市	

第二部分　企业人力资源基本情况

9. 您所在企业员工的编制为（　　）

A. 30 人以下　　　B. 30~100 人　　　C. 100~300 人　　　D. 300~500 人

E. 500 人以上

10. 您所在企业现有员工中，高职学历的员工占比为（　　），本科学历的员工占比为（　　），研究生学历的员工占比为（　　）。

A. 0%　　　　　B. 20% 以下　　　C. 20%~30%　　　D. 30%~40%

E. 40%~50%　　F. 50% 以上

11. 您所在企业员工年均流失率为（　　）

A. 10% 及以下　　B. 11%~20%　　　C. 21%~30%　　　D. 31% 及以上

流失的最主要原因为（　　）

A. 工资待遇　　　B. 企业文化　　　C. 工作环境　　　D. 员工发展与培训

E. 职业压力　　　F. 管理风格　　　G. 领导魅力　　　H. 其他_____

12. 您所在企业留人的基本方式包括（可多选）（　　）

A. 提高薪酬　　　B. 提升职位　　　C. 增加培训　　　D. 一般不留人

E. 其他

第三部分　企业人力资源招聘和发展情况

13. 您所在企业常用的招聘渠道包括（可多选）（　　）

A. 校园招聘　　　B. 网络招聘　　　C. 人才市场招聘　　　D. 猎聘

E. 其他_____

2021年最主要的招聘渠道是（　　）

A. 校园招聘　　　B. 网络招聘　　　C. 人才市场招聘　　　D. 猎聘

E. 其他_____

14. 疫情发生后，您所在企业的人力资源招聘计划（　　）

A. 大量减少　　　B. 少量减少　　　C. 基本不变　　　D. 有所增加

15. 您所在企业员工从基层岗位晋升至主管岗位的平均年限一般为（　　）

A. 2~3年　　　B. 3~5年　　　C. 5~8年　　　D. 8年以上

16. 旅游企业在招聘应届毕业生时，以下因素的重要程度是

因素	非常重要（5分）	重要（4分）	一般重要（3分）	不重要（2分）	很不重要（1分）
外在形象					
外语能力					
毕业院校					
专业对口					
性格特征					
抗压耐挫					
吃苦耐劳					
团队意识					
服务意识					

续表

因素	非常重要（5分）	重要（4分）	一般重要（3分）	不重要（2分）	很不重要（1分）
业务技能					
新媒体应用能力					
数据分析与应用能力					
社会关系					
沟通协调能力					
实习工作经验					
职业技能证书					

17. 决定旅游企业员工是否可以晋升基层管理岗位时，以下因素的重要程度是

因素	非常重要（5分）	重要（4分）	一般重要（3分）	不重要（2分）	很不重要（1分）
工作经验					
吃苦耐劳					
管理水平					
专业知识					
学历层次					
服务意识					
性格特征					
思维与视野					
国际化水平					
职业道德					
外语能力					
忠诚度					

18. 您所在企业每年从职业院校招聘的毕业生人数为（　　）
A. 5人以下　　　　B. 5~10人　　　　C. 10~20人　　　　D. 20人以上

19. 您所在企业希望招聘员工的高职类专业包括（可多选）（　　）
A. 酒店管理与数字化运营　　　　B. 旅游管理　　　　C. 导游
D. 旅行社经营与管理　　　　E. 智慧景区开发与管理

F. 休闲服务与管理 　　　　　　　G. 会展策划与管理

H. 智慧旅游技术应用 　　　　　　I. 研学旅行管理与服务

J. 民宿管理与运营 　　　　　　　K. 定制旅行管理与服务

L. 葡萄酒文化与营销 　　　　　　M. 其他_____

20. 您所在企业希望招聘员工的旅游类本科专业包括（可多选）（　　）

A. 旅游管理　　　B. 酒店管理　　　C. 旅游规划与设计　　　D. 其他

21. 您所在企业招聘的实习生素养和能力是否能够满足企业需求？（　　）

A. 能　　　　　　B. 不能

主要是_____不能满足企业需求（可多选）。

A. 专业技能　　　B. 吃苦耐劳　　　C. 团结协作　　　D. 行业认同

E. 抗压耐挫　　　F. 服务意识　　　G. 理论知识　　　H. 其他_____

22. 您所在企业招聘的应届毕业生素养和能力是否能够满足企业需求？（　　）

A. 能　　　　　　B. 不能

主要是_____不能满足企业需求（可多选）。

A. 专业技能　　　B. 吃苦耐劳　　　C. 团结协作　　　D. 行业认同

E. 抗压耐挫　　　F. 服务意识　　　G. 理论知识　　　H. 其他_____

第四部分　旅游企业员工培训、考核和薪资情况

23. 您所在企业人工成本占企业总成本的比重为（　　）

A. 20% 以下　　　B. 20%~30%　　　C. 30%~40%　　　D. 40% 以上

24. 您所在企业一线员工的平均月薪为（　　）

A. 2000~3000 元　B. 3000~4000 元　C. 4000~5000 元　D. 5000 元以上

25. 您所在企业主管的平均月薪为（　　）

A. 3000~4000 元　B. 4000~5000 元　C. 5000~6000 元　D. 6000 元以上

26. 您所在企业部门经理的平均月薪为（　　）

A. 5000 元以下　　B. 5000~8000 元　C. 8000~10 000 元　D. 10 000 元以上

27. 您所在企业 2021 年培训成本占企业总成本的比重为（　　）

A. 5% 以下　　　　B. 5%~10%　　　C. 10%~50%　　　D. 15% 以上

28. 您所在企业员工平均接受的培训次数为（　　）

A. 3 次以下　　　　B. 3~10 次　　　C. 10~20 次　　　D. 20 次以上

29. 您所在企业员工培训种类包括（可多选）（　　）

A. 新员工入职培训　　　　　　　　B. 技能培训

C. 英语培训　　　　　　　　　　　D. 管理能力培训

E. 职业礼仪培训　　　　　　　　　F. 团队协作能力培训

G. 其他_____

第四部分　校企合作情况

30. 您所在企业与院校是否存在校企合作关系？

A. 有　　　　　B. 无

如有，请继续以下选项；没有请跳转至 34 题。

31. 您所在企业合作院校主要为（　　）

A. 高职院校　　　B. 本科院校

32. 您所在企业拥有的合作院校有多少家？

A. 1 家　　　　B. 2~5 家　　　　C. 5~10 家　　　　D. 10 家以上

33. 您所在企业与职业院校存在哪种合作方式（可多选）（　　）

A. 提供实习基地　　　　　　　　B. 师资或行业专家共享

C. 共同制定人才培养方案　　　　D. 共建实习基地

E. 订单培养学生　　　　　　　　F. 共同开发教材

G. 其他_____

34. 您所在企业与院校是否建立订单班？

A. 有　　　　　B. 无

如有，请继续以下选项；没有请跳转至 35 题。

2021 年订单班在校学生数量是（　　）

A. 30 人以下　　B. 30~50 人　　C. 50~100 人　　D. 100 人以上

如有毕业生，订单班学生的留用率是（　　）

A. 20% 及以下　　B. 20%~30%　　C. 30%~40%　　D. 40% 以上

35. 您对现在职业院校培养的旅游大类专业学生还有哪些具体看法和建议？

附录2 2020年旅游人才需求预测调研问卷（院校版）

《中国旅游人才供给与需求研究报告》研制院校调查问卷

您好！

根据《中国旅游人才供给与需求研究报告》课题研究的需要，现针对2021年我国旅游人才培养现状进行问卷调研，旨在了解我国本科、高职及中职院校对旅游类专业学生的人才培养和相关需求。此问卷不记姓名，本研究的所有资料仅用于本次研究，不会对您个人和所在单位带来任何不利影响。真诚感谢您的帮助！

课题组

第一部分 院校与专业建设情况

1. 院校名称：＿＿＿＿＿＿＿＿＿＿
2. 院校性质：（　　　）

A. 公办旅游类本科院校　　　　　　B. 公办综合类本科院校
C. 民办本科院校　　　　　　　　　D. 公办旅游类高职院校
E. 公办综合类高职院校　　　　　　F. 民办高职院校
G. 公办旅游类中职院校　　　　　　H. 公办综合类中职院校
I. 民办中职院校　　　　　　　　　J. 其他＿＿＿＿＿＿

3. 贵校旅游大类专业开设情况：

问题选择	选项（可多选）
贵校开设的旅游大类专业主要有（ ）	【本科】 A1. 旅游管理 A2. 酒店管理 A3. 会展经济与管理 A4. 旅游管理与服务教育 A5. 其他_____
什么专业在校生人数最多（ ）	
2021年就业率最高的专业是（ ），其就业率约为____%，对口就业率约为____%	【职教本科】 B1. 旅游管理 B2. 酒店管理 B3. 旅游规划与设计 B4. 烹饪与餐饮管理 B5. 其他_____
2021年就业率最低的专业是（ ），其就业率约为____%，对口就业率约为____%	【高职】 G1. 旅游管理 G2. 导游 G3. 旅行社经营与管理 G4. 定制旅行管理与服务 G5. 研学旅行管理与服务 G6. 酒店管理与数字化运营 G7. 民宿管理与运营 G8. 葡萄酒文化与营销 G9. 茶艺与茶文化 G10. 智慧景区开发与管理 G11. 智慧旅游技术应用 G12. 会展策划与管理 G13. 休闲服务与管理 G14. 餐饮智能管理 G15. 烹饪工艺与营养 G16. 中西面点工艺 G17. 西式烹饪工艺 G18. 营养配餐 G19. 其他_____
2021年开设的旅游大类新专业有（ ）	
2021年停招的旅游大类专业有（ ）	
贵校旅游类专业中（ ）专业为省级及以上示范（或品牌/优势/特色）专业	
贵校旅游类是否有中外合作办学专业（ ），若无可不选	
贵校是否有招收境外留学生专业（ ），若无可不选	【中职】 Z1. 旅游服务与管理 Z2. 导游服务 Z3. 康养休闲旅游服务 Z4. 高星级饭店运营与管理 Z5. 茶艺与茶营销 Z6. 会展服务与管理 Z7. 中餐烹饪 Z8. 西餐烹饪 Z9. 中西面点 Z10. 其他

4. 贵校旅游大类专业在校生人数为（   ）

A. 100人以下　　　　　　　　B. 100~299人

C. 300~499人　　　　　　　　D. 500~999人

E. 1000~1999人　　　　　　　F. 2000~2999人

G. 3000~3999人　　　　　　　H. 4000人及以上

5. 旅游大类专业生源主要为（   ）

A. 本省　　　　B. 周边省　　　　C. 全国

若为全国招生，涉及省（自治区、直辖市）为（   ）

A. 5个以下　　　　　　　　　B. 5~9个

C. 10~15个　　　　　　　　　D. 16~21个

E. 22个及以上

其中，省内生源占比（   ）

A. 30%以下　　　　　　　　　B. 30%~39%

C. 40%~49%　　　　　　　　　D. 50%~59%

E. 60%~69%　　　　　　　　　F. 70%以上

6. 2021 年旅游大类专业招生的总人数为（　　）

A. 100 人以下　　　　　　　　　B. 100~299 人

C. 300~499 人　　　　　　　　　D. 500~999 人

E. 1000~1999 人　　　　　　　　F. 2000~2999 人

G. 3000 人以上

7. 2021 年贵校旅游类专业校内实训实习基地有（　　）

A. 5 个以下　　　　　　　　　　B. 5~9 个

C. 10~19 个　　　　　　　　　　D. 20 个及以上

8. 贵校旅游类专业目前试点的"1+X"证书有多少个？（　　）

A. 0 个　　　　　　　　　　　　B. 1~3 个

C. 4~7 个　　　　　　　　　　　D. 8~11 个

E. 12~15 个　　　　　　　　　　F. 16 个及以上

9. 您认为贵校"1+X"证书制度试点工作开展得是否顺利？（　　）

A. 非常顺利　　　　　　　　　　B. 比较顺利

C. 一般　　　　　　　　　　　　D. 比较不顺利

E. 很不顺利

10. 您认为社会对现在的职业技能证或职业资格证书认可度如何？（　　）

A. 非常认可　　　　　　　　　　B. 一般认可

C. 非常少认可　　　　　　　　　D. 不认可

11. 您认为目前制约贵校"1+X"证书制度试点工作的主要原因是？（多选题）（　　）

A. 经费问题　　　　　　　　　　B. 师资问题

C. 学校机制问题　　　　　　　　D. 职业培训评价组织问题

E. 其他＿＿＿＿＿

12. 贵校的社招学员主要来自（　　）

A. 企业　　　　B. 无业　　　　C. 失业　　　　D. 退役

E. 其他＿＿＿＿＿

13. 您认为贵校针对社会学员的培养需要在哪些方面作出改善？（多选题）（　　）

A. 师资力量　　　B. 实训场地　　　C. 课程开发　　　D. 课程标准

E. 校企合作　　　F. 教学评价　　　G. 学习考核　　　H. 学生管理

第二部分 校企合作与实习就业情况

14. 贵校与企业合作的旅游大类专业情况：

问题选择	选项（可多选）
贵校与企业合作的旅游类专业有（　）	【本科】 A1.旅游管理　A2.酒店管理　A3.会展经济与管理　A4.旅游管理与服务教育 A5.其他_____
订单班学生人数最多的专业是（　）	【职教本科】 B1.旅游管理　B2.酒店管理　B3.旅游规划与设计　B4.烹饪与餐饮管理 B5.其他_____
2021年订单班学生的留用率最高的专业是（　）	【高职】 G1.旅游管理　G2.导游　G3.旅行社经营与管理　G4.定制旅行管理与服务 G5.研学旅行管理与服务　G6.酒店管理与数字化运营　G7.民宿管理与运营 G8.葡萄酒文化与营销　G9.茶艺与茶文化　G10.智慧景区开发与管理 G11.智慧旅游技术应用　G12.会展策划与管理　G13.休闲服务与管理 G14.餐饮智能管理　G15.烹饪工艺与营养　G16.中西面点工艺 G17.西式烹饪工艺　G18.营养配餐　G19.其他_____
2021年企业招聘的旅游大类学生人数最多的专业是（　）	【中职】 Z1.旅游服务与管理　Z2.导游服务　Z3.康养休闲旅游服务 Z4.高星级饭店运营与管理　Z5.茶艺与茶营销　Z6.会展服务与管理 Z7.中餐烹饪　Z8.西餐烹饪　Z9.中西面点　Z10.其他_____

15. 合作旅游企业的类型（可多选）（　　　）

A. 酒店　　　　　　　　　　B. 线下旅行社

C. 线上旅行社　　　　　　　D. 景区

E. 会展公司　　　　　　　　F. 其他

其中_____类型的企业最多

A. 酒店　　　　　　　　　　B. 线下旅行社

C. 线上旅行社　　　　　　　D. 景区

E. 会展公司　　　　　　　　F. 其他

16. 贵校旅游类专业与企业合作的方式有（可多选）（　　　）

A. 提供实习基地　　　　　　B. 师资或行业专家共享

C. 共同制定人才培养方案　　D. 共建实习基地

E. 订单培养学生　　　　　　F. 共同开发教材

G. 现代学徒制　　　　　　　H. 产业学院

I. _____

17. 贵校旅游类专业合作的企业有多少家？（　　　）

A. 5家以下 / 专业　　　　　B. 6~10家 / 专业

C. 11~20 家 / 专业   D. 21 家及以上 / 专业

18. 旅游类专业是否建立订单班？（   ）

A. 有   B. 无

如有，2021 年订单班的学生数量是？（   ）

A. 30 人以下   B. 30~49 人   C. 50~99 人   D. 100~149 人

E. 150 人及以上

订单班学生的留用率是？（   ）

A. 20% 以下   B. 20%~29%   C. 30%~39%   D. 40%~49%

E. 50%~59%   F. 60% 及以上

19. 2021 年贵校旅游大类专业校外实习基地有（   ）

A. 5 家以下 / 专业   B. 5~9 家 / 专业

C. 10~19 家 / 专业   D. 20 家及以上 / 专业

20. 新冠疫情背景下，合作企业顶岗实习的时间一般为（   ）

A. 3 个月以下   B. 3 个月至 5 个月

C. 6 个月至 9 个月   D. 10 个月及以上

21. 旅游类企业提供的招聘就业实习岗位有（可多选）（   ）

A. 一线业务岗   B. 一线技术岗

C. 基层管理岗（储备）   D. 基层技术骨干（储备）

E. 其他

22. 哪类企业提供的实习岗位数量最多（   ）

A. 酒店   B. 线下旅行社   C. 线上旅行社   D. 景区

E. 会展公司   F. 其他

23. 2021 年企业招聘的旅游大类专业学生毕业实习人数为（   ）

A. 30 人以下 / 专业   B. 30~49 人 / 专业

C. 50~99 人 / 专业   D. 100 人及以上 / 专业

24. 贵校认为旅游企业招聘的应届毕业生，以下能力的重要性是

因素	非常重要（5分）	重要（4分）	一般重要（3分）	不重要（2分）	很不重要（1分）
工作经验					
吃苦耐劳					

续表

因素	非常重要（5分）	重要（4分）	一般重要（3分）	不重要（2分）	很不重要（1分）
管理水平					
专业知识					
学历层次					
服务意识					
性格特征					
思维与视野					
国际化水平					
职业道德					
外语能力					
忠诚度					
学习能力					
适应环境					
团队协作					
信息素养					

其他您认为重要的因素包括：_____

25. 2021年旅游类企业提供的薪酬一般为（　　）

A. 1000元以下/月　　　　　　　　B. 1000~1499元/月

C. 1500~1799元/月　　　　　　　D. 1800~1999元/月

E. 2000~2499元/月　　　　　　　F. 2500~2999元/月

G. 3000~3999元/月　　　　　　　H. 4000元及以上/月

26. 2021年招聘实习生最多的企业类型为（　　）

A. 酒店　　　B. 线下旅行社　　　C. 线上旅行社　　　D. 景区

E. 会展公司　　　F. 其他

27. 2021年贵校旅游类专业学生实习结束在实习单位的留用率为（　　）

A. 10%以下　　　　　　　　　　B. 10%~29%

C. 30%~49%　　　　　　　　　　D. 50%~59%

E. 60%及以上

28. 贵校认为自己培养的学生与行业的匹配度为（   ）

A. 非常匹配　　　　　　　　　　B. 基本匹配

C. 不太匹配　　　　　　　　　　D. 已经尽力，但效果不理想

E. 不清楚

29. 贵校在旅游类专业校企合作、学生实习就业方面采取哪些措施？（可附典型案例）

附录3 被调研院校名单

1. 被调研本科院校名单（34所）

序号	高职院校	序号	高职院校
1	安徽财经大学	18	扬州大学
2	北京第二外国语学院	19	南京工业大学浦江学院
3	北京联合大学	20	南京晓庄学院
4	华侨大学	21	南京林业大学
5	西北民族大学	22	江苏第二师范学院
6	广州商学院	23	盐城工学院
7	桂林旅游学院	24	江西财经大学
8	海南大学	25	大连财经学院
9	三亚学院	26	青海民族大学
10	郑州财经学院	27	中国海洋大学
11	黑龙江工程学院昆仑旅游学院	28	上海杉达学院
12	湖南财政经济学院	29	上海师范大学
13	苏州大学	30	四川旅游学院
14	金陵科技学院	31	云南大学旅游文化学院
15	南京师范大学	32	浙江工商大学杭州商学院
16	徐州工程学院	33	浙江外国语学院
17	三江学院	34	重庆工商大学

2. 被调研高等职业院校名单（116 所）

序号	高职院校	序号	高职院校
1	南京旅游职业学院	28	广东酒店管理职业技术学院
2	南京铁道职业技术学院	29	广州番禺职业技术学院
3	南京城市职业学院	30	珠海城市职业技术学院
4	南京工业职业技术学院	31	顺德职业技术学院
5	江苏海事职业技术学院	32	桂林旅游学院
6	南京科技职业学院	33	广西工商职业技术学院
7	南京工业职业技术大学	34	广西经贸职业技术学院
8	江苏经贸职业技术学院	35	安顺职业技术学院
9	苏州经贸职业技术学院	36	贵州经贸职业技术学院
10	苏州工业职业技术学院	37	三亚中瑞酒店管理职业学院
11	苏州农业职业技术学院	38	海南经贸职业技术学院
12	无锡城市职业技术学院	39	三亚航空旅游职业学院
13	江苏经贸职业技术学院	40	河北旅游职业学院
14	镇江市高等专科学校	41	廊坊职业技术学院
15	无锡商业职业技术学院	42	石家庄财经职业学院
16	常州工程职业技术学院	43	石家庄城市经济职业学院
17	常州纺织服装职业技术学院	44	石家庄工商职业学院
18	盐城工业职业学院	45	石家庄经济职业学院
19	安徽工商职业学院	46	郑州旅游职业学院
20	安徽财贸职业学院	47	郑州商贸旅游职业学院
21	安徽商贸职业技术学院	48	郑州职业技术学院
22	北京财贸职业学院	49	安阳职业技术学院
23	北京经济管理职业学院	50	河南地矿职业学院
24	泉州经贸职业技术学院	51	河南对外经济贸易职业学院
25	福州墨尔本理工职业学院	52	河南林业职业学院
26	兰州职业技术学院	53	河南牧业经济学院
27	广东工商职业技术大学	54	河南农业职业学院

续表

序号	高职院校	序号	高职院校
55	河南应用技术职业学院	83	曲阜远东职业技术学院
56	河南职业技术学院	84	日照航海工程职业学院
57	黑龙江旅游职业技术学院	85	日照职业技术学院
58	黑龙江职业学院	86	山东电子职业技术学院
59	武汉职业技术学院	87	山东服装职业学院
60	三峡旅游职业技术学院	88	山东旅游职业学院
61	湖北轻工职业技术学院	89	太原城市职业技术学院
62	武汉商贸职业学院	90	太原旅游职业学院
63	武昌职业学院	91	山西经贸职业学院
64	郴州职业技术学院	92	山西林业职业技术学院
65	湖南安全技术职业学院	93	山西旅游职业学院
66	湖南大众传媒职业技术学院	94	山西青年职业学院
67	湖南高尔夫旅游职业学院	95	陕西财经职业技术学院
68	湖南工程职业技术学院	96	陕西服装工程学院
69	永州职业技术学院	97	陕西工商职业学院
70	吉林职业技术学院	98	陕西工业职业技术学院
71	江西旅游商贸职业学院	99	陕西交通职业技术学院
72	九州职业技术学院	100	陕西旅游烹饪职业学院
73	赣州职业技术学院	101	上海旅游高等专科学校
74	辽宁现代服务职业技术学院	102	上海工商职业技术学院
75	辽宁职业学院	103	上海农林职业技术学院
76	包头职业技术学院	104	南充文化旅游职业学院
77	内蒙古机电职业技术学院	105	四川商务职业学院
78	宁夏工商职业技术学院	106	天津现代职业技术学院
79	青海高等职业技术学院	107	伊犁职业技术学院
80	青岛酒店管理职业技术学院	108	云南旅游职业学院
81	青岛求实职业技术学院	109	浙江旅游职业学院
82	青岛职业技术学院	110	浙江农业商贸职业学院

续表

序号	高职院校	序号	高职院校
111	浙江商业职业技术学院	114	杭州职业技术学院
112	浙江特殊教育职业学院	115	重庆旅游职业学院
113	宁波职业技术学院	116	重庆财经职业学院

3. 被调研中等职业院校名单（32所）

序号	中职院校	序号	中职院校
1	杭州市旅游职业学校	17	江苏如东中专院校
2	金华实验中学	18	江苏句容中等专业学校
3	杭州市中等职业学校	19	南京财经高等职业技术学校
4	张家港第二职业高级中学	20	南京中华中等专业学校
5	宁波行知中等职业学校	21	宁夏旅游学校
6	连云港中等专业学校	22	中卫市职业技术学校
7	江苏省连云港中等专业学校	23	上海市南湖职业学校
8	涟水中等专业学校	24	上海市商贸旅游学校
9	张家港第二职业高级中学	25	上海市现代职业技术学校
10	南京中华中等专业学校	26	青岛旅游学校
11	江苏省灌云中等专业学校	27	山东省潍坊商业学校
12	南京莫愁中等专业学校	28	海南省海口旅游职业学校
13	镇江市旅游学校	29	海南省旅游学校
14	宁波市北仑职业高级中学	30	隆德县职业中学
15	扬州市旅游商贸院校	31	桂林市旅游职业中等专业学校
16	徐州市张集中等专业学校	32	广东省旅游职业技术学校

附录4 被调研企业名单

被调研企业名单

序号	企业名称	序号	企业名称
1	安吉 Club Med 度假村	21	北京中航大北物业管理有限公司
2	安吉君澜度假酒店	22	长白山柏悦酒店
3	安吉天使小镇乐园有限公司	23	长白山景区
4	安吉旭程旅游发展有限公司	24	长春北湖国家湿地公园
5	安吉悦榕庄酒店	25	长春香格里拉酒店
6	北京柏悦酒店	26	长沙步步高喜来登酒店
7	北京大潮研学国际旅行社	27	长沙君悦酒店
8	北京古北水镇旅游有限公司	28	长沙瑞吉酒店
9	北京贵都大酒店	29	长沙世茂希尔顿酒店
10	北京国贸大酒店	30	长沙万豪行政公寓
11	北京红杉假日酒店	31	常州东方盐湖城旅游发展有限公司
12	北京环球度假区	32	常州华怡名都大酒店
13	北京金陵饭店	33	常州嬉戏谷有限公司
14	北京金融街威斯汀	34	常州中航酒店
15	北京九华国际会展中心有限公司	35	沈阳艾美酒店
16	北京青普旅游文化发展有限公司	36	沈阳方特欢乐世界
17	北京首旅建国饭店	37	成都传媒集团
18	北京天宇国际会展服务有限公司	38	成都第三极旅行社有限公司
19	北京新国贸大酒店	39	成都读行学堂研学旅游服务公司
20	北京隐奢逸境酒店	40	成都华蓉会展服务有限公司

续表

序号	企业名称	序号	企业名称
41	成都立嘉会展公司	69	广州长隆旅游度假区
42	成都青旅国际旅行社有限公司	70	贵阳中天凯悦酒店
43	成都世纪城假日酒店	71	贵州康辉国际旅行社
44	成都思麦文化传播有限公司	72	桂林虹桥国际旅行社
45	成都文化旅游发展集团有限公司	73	桂林康辉国际旅行社
46	成都中国旅行社有限公司	74	桂林漓江景区
47	大连城堡豪华精选酒店	75	桂林旅游股份有限公司
48	大连豪生酒店	76	桂林市易游国际旅行社
49	大连凯宾斯基酒店	77	桂林阳朔101民族酒店
50	大连罗马假日酒店	78	桂林画中游酒店管理有限公司
51	大连圣亚海洋世界	79	桂林阳朔居山民宿
52	大连西郊森林公园	80	桂林阳朔唐人街酒店
53	大连远洋洲际酒店	81	桂林阳朔闲云居民宿
54	丹东希尔顿花园酒店	82	哈尔滨智选假日酒店
55	德化石牛山景区经营有限公司	83	海南富力海洋欢乐世界度假区
56	佛山顺德铂尔曼酒店	84	汉庭四平南新华大街店
57	福建阅天下研学旅行有限公司	85	杭州泛亚展览策划有限公司
58	赣州锦江酒店	86	杭州广源展览有限公司
59	广德园岭南东方精品酒店	87	杭州湖畔居茶楼有限责任公司
60	广州白天鹅宾馆	88	杭州开元名都大酒店
61	广州白云国际会议中心	89	杭州康莱德酒店
62	广州白云山景区	90	杭州乐园有限公司
63	广州碧水湾温泉度假村有限公司	91	杭州临安万豪酒店
64	广州方行教育国际旅行社有限公司	92	杭州你我茶业有限公司
65	广州富力丽思卡尔顿酒店	93	杭州四季酒店
66	广州花园酒店有限公司	94	杭州望湖宾馆有限责任公司
67	广州天河希尔顿酒店	95	杭州西湖文化旅游投资集团有限公司
68	广州长风凯莱酒店	96	杭州西湖云舍民宿

续表

序号	企业名称	序号	企业名称
97	杭州西溪湿地旅游发展有限公司	124	康格会展（上海）有限公司
98	杭州英迈广告有限公司	125	恐龙园文化旅游集团股份有限公司
99	杭州兆业品牌策划有限公司	126	溧水裸心岭奢华度假区
100	杭州中交文化发展有限公司	127	漫心上海静安酒店
101	河南邑鸣研学旅行服务有限公司	128	莫干山大乐之野民宿
102	黑龙江春秋国际旅行社有限公司	129	莫干山开元森泊度假乐园
103	湖南万里路研学旅行教育公司	130	莫干山裸心谷奢华度假区
104	华强方特（宁波）文化旅游发展有限公司	131	南大国际会议中心
105	欢乐岛（福建）旅游发展有限公司	132	南京 club med 酒店
106	黄山市古徽州文化旅游区	133	南京夫子庙展览馆
107	火烈鸟港湾酒店	134	南京古南都饭店
108	吉林市三好旅行社有限公司	135	南京国际博览会议中心
109	济南融创文旅城酒店群	136	南京国际青年会议酒店
110	济宁城投文旅集团	137	南京国际展览中心
111	江南贡院	138	南京海外旅游有限公司
112	江苏铂悦国际旅行社有限公司	139	南京华泰万丽酒店
113	江苏畅行文旅集团有限公司	140	南京江宁科学园高校物业有限公司体育运动分公司
114	江苏东郊国宾馆	141	南京金奥费尔蒙酒店
115	江苏嘉期会展服务有限公司	142	南京金丝利喜来登酒店
116	江苏新国际会展集团有限公司	143	南京金鹰世界 G 酒店
117	江苏园博园建设开发有限公司威斯汀酒店分公司	144	南京凯宾斯基酒店
118	江苏众成会展有限公司	145	南京凯悦臻选酒店
119	金陵饭店股份有限公司	146	南京朗昇希尔顿酒店
120	金龙建国温泉酒店	147	南京乐沐行企业管理咨询有限公司
121	锦江南京饭店	148	南京乐途商务旅行社责任有限公司
122	荆门畅游三国文化旅游有限公司	149	南京丽思卡尔顿酒店
123	句容宝华山国家森林公园	150	南京禄口机场铂尔曼大酒店

续表

序号	企业名称	序号	企业名称
151	南京绿地洲际酒店	179	宁夏西港航空饭店机场店
152	南京美泉私汤民宿	180	宁夏逸飞旅行社
153	南京润展国际展览有限公司	181	宁夏中国旅行社有限公司
154	南京上秦淮会展有限公司	182	宁夏中汇时代国际会展有限公司
155	南京上秦淮假日酒店	183	宁夏中旅
156	南京上玄会展服务有限公司	184	宁夏中卫西坡民宿
157	南京圣和府邸豪华精选酒店	185	青岛东方影都皇冠假日酒店
158	南京世茂滨江希尔顿酒店	186	青岛海名国际会展有限公司
159	南京市中山陵园管理局	187	青岛海泉湾皇冠假日酒店
160	南京水游城假日酒店	188	青岛金水皇冠假日酒店
161	南京斯图加特联合展览有限公司	189	青岛美仑国际酒店
162	南京苏宁索菲特银河酒店	190	全季连云港瀛洲路酒店
163	南京汤山温泉房车营地	191	全季苏州吴江汾湖酒店
164	南京唐博展览有限公司	192	全季武汉金银湖酒店
165	南京香格里拉酒店	193	日出东山海海岸度假区
166	南京扬子江国际会议中心	194	三亚金茂丽思卡尔顿酒店
167	南京扬子江资产运营管理有限公司	195	三亚瑞吉酒店
168	南京园博园傲途格酒店	196	三亚威斯汀度假酒店
169	南京园博园悦榕庄酒店	197	三亚亚特兰蒂斯酒店
170	南京钟山国际高尔夫酒店	198	森林海旅游度假区
171	南京卓美亚酒店	199	厦门国际旅行社
172	宁波东钱湖华茂希尔顿酒店	200	厦门国际悦海湾酒店
173	宁波罗蒙乐园有限公司	201	厦门乐之研学旅游有限公司
174	宁夏光大旅行社	202	厦门香格里拉大酒店
175	宁夏横城休闲度假区	203	山西太原晋祠
176	宁夏交通旅行社	204	陕西职工国际旅行社
177	宁夏金宇伊豪宾馆	205	汕头裕通国际大酒店
178	宁夏六盘山旅行社	206	上海宝华万豪酒店

续表

序号	企业名称	序号	企业名称
207	上海宝丽嘉酒店	235	苏州凯宾斯基大酒店
208	上海迪士尼度假区	236	苏州乐园发展有限公司
209	上海复旦皇冠假日酒店	237	苏州尼依格罗酒店
210	上海海昌极地海洋世界有限公司	238	苏州同程网络科技股份有限公司
211	上海华夏旅游有限公司	239	苏州源宿酒店
212	上海欢乐谷	240	苏州中茵皇冠假日酒店有限公司
213	上海浦东文华东方酒店	241	苏州洲际酒店
214	上海趣游国际旅行社有限公司	242	天津海昌极地海洋公园
215	上海佘山旅行社有限公司	243	天津海河假日酒店
216	上海申迪旅游度假开发有限公司	244	天津君通津卫酒店
217	上海深坑洲际酒店	245	温州泰顺开元名都度假酒店
218	上海舜地三和园酒店	246	乌镇旅游股份有限公司
219	上海外滩W酒店	247	无锡灵山景区经营股份有限公司
220	上海外滩半岛酒店	248	无锡拈花湾文化投资发展有限公司
221	上海外滩华尔道夫酒店	249	无锡山明水秀大酒店
222	上海外滩茂悦大酒店	250	无锡市君来洲际酒店
223	上海外滩英迪格酒店	251	芜湖皇冠假日酒店
224	上海曜鑫展览展示有限公司	252	五台山万豪酒店
225	深圳东方银座雅高美爵酒店	253	武汉汉口泛海喜来登酒店
226	深圳海外国际旅行社	254	武汉万丽酒店
227	深圳欢乐谷	255	武汉卓尔万豪酒店
228	深圳蜜蜂研学教育科技有限公司	256	西安浐灞艾美酒店
229	深圳麒麟山庄	257	西安大唐不夜城景区
230	石嘴山市沙湖旅游景区	258	西安大雁塔假日酒店
231	苏州W酒店	259	西安光大国际旅行社
232	苏州柏悦酒店	260	西安黄河旅行社有限责任公司
233	苏州高新旅游产业集团有限公司	261	西安凯莱酒店
234	苏州金鸡湖大酒店有限公司	262	西安蓝海风万怡酒店

续表

序号	企业名称	序号	企业名称
263	西安索菲特人民大厦	284	粤海华美酒店
264	西安喜来登大酒店	285	云南世界园艺博览园
265	西安新浪潮旅行社有限责任公司	286	张掖国家湿地公园
266	西安中旅国际旅行社有限公司	287	张掖市大湖湾景区
267	西康宾馆	288	浙江山水灵峰集团有限公司
268	新明仕旅游发展有限公司	289	浙江神仙居旅游集团有限公司
269	徐州开元名都大酒店	290	镇江茅山风景区
270	徐州凯悦大酒店	291	郑州航空港万怡酒店
271	徐州市博物馆	292	郑州嵩山饭店
272	徐州云龙湖景区	293	郑州万达文化酒店
273	盐城大纵湖旅游景区	294	郑州郑东雅乐轩酒店
274	盐城九龙口风景区	295	中国大饭店
275	盐城驿都金陵饭店	296	中会整合（江苏）营销管理有限公司
276	雁荡山管委会	297	中青旅江苏会展
277	义乌市翔达展览有限公司	298	朱家角安麓酒店
278	银川国际交流中心	299	株洲美的万豪酒店
279	银川凯悦嘉轩嘉寓酒店	300	珠海澳亚旅游有限公司
280	银川西府井饭店	301	珠海春秋旅行社有限公司
281	银川中青旅	302	珠海市友联国际旅行社有限公司
282	银座旅游集团济南泉城大酒店	303	珠海星乐度横琴露营乐园
283	岳阳铂尔曼酒店	304	珠海银都酒店

附录5　旅游企业人力资源负责人访谈提纲及访谈企业名单

旅游企业人力资源负责人访谈提纲

1. 新冠疫情发生之后，企业的经营效益发生了怎样的变化？企业是如何应对疫情影响的？企业岗位、用人需求有什么变化？
2. 信息技术发展对贵企业运营有无影响？如果有，主要体现在哪些方面？
3. 贵企业员工中高职、本科学历的占比大概是多少？对高职、本科旅游类专业中需求量最大的是什么专业？
4. 2021年员工流失率大概是多少？员工流失的主要原因是什么？
5. 您认为高职、本科不同层次的旅游类专业学生最应具备的素养有哪些？
6. 您认为现目前招聘的高职、本科旅游类专业学生在哪些方面存在不足？
7. 贵企业目前和院校开展了哪些方面的校企合作？您认为最有效的校企合作方式是什么？
8. 您对旅游类本科、高职人才培养有何建议？

访谈企业名单：

1. 华住酒店集团
2. 万豪酒店集团
3. 中国融通旅业发展集团有限公司
4. 金陵饭店股份有限公司
5. 莫干山裸心谷度假村
6. 南京上玄会展服务有限公司
7. 南京市中山陵园管理局

8. 无锡拈花湾文化投资发展有限公司

9. 浙江深大智能科技有限公司

10. 北京中凯国际研学旅行股份有限公司

11. 中国国旅（江苏）旅行社有限公司

12. 宁夏贺兰山国家森林公园有限公司

13. 常州龙控集团

14. 南京美泉私汤民宿

15. 南京夫子庙展览馆

16. 广州问途科技有限公司

17. 携程旅游学院

附录6 应用Matlab实现GM（1，1）模型预测

代码用例为星级酒店数据。

```
clear
X0=[1580963    1542751    1590590    1502496    1361869
    1344503    1196564    1124641 1025435    1061600];
X1=cumsum(X0);
for k=2:length(X0)
    z(k)=(1/2)*(X1(k)+X1(k-1));
end
B=[(-z(2:end))' ones(length(z)-1,1)];
Y=(X0(2:end))';
bata=inv(B'*B)*B'*Y;
a=bata(1);
b=bata(2);
c=b/a;
d=X1(1)-c;
X2(1)=X1(1);
for m=1:length(X0)-1
    X2(m+1)=(X0(1)-b/a)*exp(-a*m)+b/a;
end
X3(1)=X2(1);
for m=1:length(X0)-1
    X3(m+1)=X2(m+1)-X2(m);
end
```

```
Delta0=X0-X3;
Phi=Delta0./X0;
eta=(min(Delta0)+0.5*max(Delta0))./(Delta0+0.5*max(Delta0));
r=mean(eta);
mX0=mean(X0);
sX0=std(X0);
mDelta0=mean(Delta0);
sDelta0=std(Delta0);
C=sDelta0/sX0
S0=0.6745*sX0;
e=abs(Delta0-mDelta0);
p=length(find(e<S0))/length(e)
k=length(X0):length(X0)+4;
X2(k+1)=(X0(1)-b/a)*exp(-a*k)+b/a;
X3(k+1)=X2(k+1)-X2(k)
```

附录 7 应用 Matlab 实现 Elman 神经网络模型训练与预测

本代码分为两部分：模型的实现与训练、利用新数据与预测。

代码用例为住宿业模型，星级酒店、旅行社的代码写法和本例相似，这里不再赘述。

Elman 神经网络模型训练代码：

```
close all
clear,clc

load zsy
mi=min(hoteldata);
ma=max(hoteldata);
hoteldata=(hoteldata-mi)/(ma-mi);
traindata = hoteldata(1:15);
P=[];
for i=1:10
   P=[P;traindata(i:i+4)];
end
P=P';
T=[traindata(6:15)];
threshold=[0 1;0 1;0 1;0 1;0 1];
net=elmannet;
net.trainParam.epochs=2000;
net=init(net);
```

```
net=train(net,P,T);
save zsy_net net
y=sim(net,P);
error=y-T;
mse1=mse(error);
T = T*(ma-mi) + mi;
y = y*(ma-mi) + mi;
figure(1)
plot(2009:2018,T,'b+',2009:2018,y,'r.');
title(' 使用原始数据测试 ');
legend(' 真实值 ',' 测试结果 ');
xlabel(' 年份 '),ylabel(' 就业人数 ');
figure(2)
plot(2009:2018,T-y,'b*');
title(' 训练数据测试结果的残差 ');
fprintf(' 均方差 =\n    %f\n',mse1);
disp(' 相对误差：');
fprintf('%f  ',(T-y)./y);
fprintf('\n');
y
```

使用训练好的模型与预测代码

```
close all
clear,clc
load zsy_net
load zsy
mi=min(hoteldata);
ma=max(hoteldata);
testdata = hoteldata(1:17);
testdata=(testdata-mi)/(ma-mi);
```

```
Pt=[];
for i=1:13
    Pt=[Pt;testdata(i:i+4)];
end
Pt=Pt';
Yt=sim(net,Pt);
YYt=Yt*(ma−mi)+mi;
YYt
```

附录 8 应用 Matlab 实现 ARMA 模型预测

```
X=[……];% 写入具体数据
X=X(1:21)
Y=diff(X);
y_h_adf = adftest(Y)
y_h_kpss = kpsstest(Y)


Z=iddata(Y');
test=[];
for p= 1:3
   for q=1:3
      m=armax(Z,[p,q]);
      AIC = aic(m);
      test=[test;p q AIC];
   end
end
for k=1:size(test,1)
   if test(k,3)==min(test(:,3))
      p_test=test(k,1);
      q_test=test(k,2);
   end
end
p_test,q_test
m=armax(Z,[p_test,q_test]);
L=4;
```

```
y=[Y';zeros(L,1)];
p=iddata(y);
P=predict(m,p,L);
G=get(P);
PT=G.OutputData{1,1}(length(Y)+1:length(Y)+L,1);
D=[Y';PT];
X1=cumsum([X(1);D])
X2=X1(length(X)+1:length(X)+4)
```